AI와 문화 정책

AI문고

인공지능 시대입니다. 기계가 인간의 인지를 대신하고, 사물이 인간을 통하지 않고 다른 사물과 직접 커뮤니케이션합니다. 이에 따른 인간 삶과 문명 변화를 정확히 이해·예측·대응하는 것은 이 시대 우리 모두의 과제입니다. AI문고는 인공지능 기술과 환경의 여러 주제를 10가지 키워드로 정리합니다. 관련 개념과 이론, 학계와 산업계의 쟁점, 우리 일상의 변화를 다룹니다. 인간과 기술의 현재, 미래를 세심히 분석합니다.

일러두기

- 인명, 작품명, 저서명, 개념어 등은 한글과 함께 괄호 안에 해당 국가의 원어를 병기했습니다.
- 외래어 표기는 현행 어문규정의 외래어표기법을 따랐습니다.

처음이세요?

전문가세요?

AI와 문화 정책

양현미

대한민국, 서울, 커뮤니케이션북스, 2025

AI와 문화 정책

지은이 양현미
펴낸이 박영률

초판 1쇄 펴낸날 2025년 5월 23일

커뮤니케이션북스(주)
출판 등록 2007년 8월 17일 제313-2007-000166호
02880 서울시 성북구 성북로 5-11
전화(02) 7474 001, 팩스(02) 736 5047
commbooks@commbooks.com
www.commbooks.com

ISBN 979-11-7307-936-8 03500

책값은 뒤표지에 표시되어 있습니다.

차례

AI와 문화예술 생태계

예술과 기술

인공지능의 급속한 발전은 전통적으로 인간의 창의성과 감성에 의존해 온 문화예술 생태계에 큰 변화를 불러오고 있다. 과거 기술은 예술의 표현 도구나 유통 수단으로 기능하며 새로운 표현 방식과 효율성을 제공하는 데 기여했다. 그러나 오늘날 AI는 창작의 협력자이자 때에 따라 독립적인 창작 주체로 자리 잡으며 예술의 정의와 경계를 재구성하고 있다. 이러한 AI와 예술의 융합은 창작, 유통, 소비 전반에 걸쳐 새로운 가능성을 열어 가고 있지만, 동시에 다양한 윤리적, 법적, 사회적 문제를 수반한다.

예술과 기술은 역사적으로 긴밀한 관계를 유지해 왔다. 기술이 예술에 미친 영향은 크게 세 범주로 나누어 볼 수 있다. 표현 수단의 확장, 유통 방식의 혁신, 향유 방식의 전환이다. 첫째, 창작 기술의 발전은 표현 수단의 확장에 기여해 왔다. 사진술, 영상 기술, 전자 악기, 컴퓨터 그래픽 등은 기존 예술 장르의 틀을 재구성했을

뿐 아니라 사진, 영화, 전자음악, 디지털 아트, 비디오 게임, 웹툰 등과 같은 새로운 예술 형식의 등장을 가능하게 했다.

둘째, 유통 방식의 혁신은 예술의 접근성을 확대하고 새로운 시장을 형성하는 데 기여해 왔다. 인쇄술, 축음기, 방송 기술, 인터넷 스트리밍, 블록체인 등은 예술의 대량 보급, 실시간 향유, 글로벌한 접근을 가능하게 했다. 인쇄술은 문학과 예술 작품의 대량 복제 및 보급을 가능하게 해 예술의 접근성을 확대했다. 축음기는 음향을 저장하고 재생할 수 있게 함으로써 음반 산업과 대중음악 시장의 형성에 기여했다. 방송 기술은 공연 예술과 음악의 실시간 중계를 가능하게 해 예술 향유의 시공간적 제약을 해소했으며, 문화공간에 가지 않아도 일상에서 예술을 향유할 수 있게 했다. 인터넷 기술은 스트리밍 서비스와 OTT 플랫폼을 통해 콘텐츠에 대한 글로벌 접근성을 높였다. 최근에는 블록체인 기술이 디지털 예술 작품의 소유권과 거래를 투명하게 함으로써 NFT와 같은 디지털 예술 시장을 형성했다.

셋째, 향유 방식의 전환은 관객의 미적 체험 방식을 바꾸었다. 자동 번역과 자막 기술은 언어의 한계를 넘어 문화 간 대화를 가능하게 했으며, 개인 맞춤형 추천 서비스는 취향의 심화를 가능하게 했다. 소비자용 VR 헤드셋의 개발은 관람자가 작품 내부로 들어가는 새로운 경험을 가능하게 했다. 이러한 사례들은 예술이 기술을 단순히 보조적 도구로 활용하는 것이 아니라 새로운 장르를 개척하고 유통 방식을 혁신하며 기술과 융합해 끊임없이 변화하고 확장해 왔음을 보여 준다.

인공지능과 예술의 만남

인공지능 시대에 접어들며 예술과 기술의 관계는 이전과는 다른 양상을 보인다. 과거에는 기술이 예술가의 도구로 작용하는 수동적 역할에 머물렀다면, 오늘날의 AI는 창작 과정에서 능동적인 협력자이자 독립적 창작 주체로 등장하고 있다. 하지만 이러한 변화가 하루아침에 일어난 것은 아니다. 인공지능 예술의 역사는 기술 발전에 따라 세 단계로 구분할 수 있으며, 이는 AI가 예술과 상호작용하며 진화해 온 과정을 보여 준다.

1950년대부터 1980년대까지의 초기 단계에서는 규칙 기반 시스템(rule-based system)을 활용한 예술 창작의 실험이 이루어졌다. 이 시기의 대표적인 사례는 해럴드 코언(Harold Cohen)의 〈아론(AARON)〉 프로젝트다. 아론은 초기에는 단순한 선 묘사와 흑백 표현만 가능했으나 이후 업데이트를 거치며 색채 활용과 복잡한 도형 패턴 생성으로까지 발전했다. 이는 예술가가 직접 손을 대지 않아도 창작 결과물을 만들어 낼 가능성을 보여 주었다. 그러나 모든 창작 과정이 작가가 정의한 규칙과 데이터에 한정되어 있어, 시스템 자체가 능동적으로 새로운 개념이나 표현 방식을 학습하지는 못했다. 이 시도는 컴퓨터가 예술 창작의 도구로 활용될 가능성을 입증하며 AI와 예술의 관계를 여는 초석이 되었다.

1980년대부터 2000년대까지는 인공신경망(artificial neural networks)과 기계 학습(machine learning)의 도입으로 AI가 데이터를 학습해 창작 능력을 확장하는 단계로 진화했다. 데이비드 코프(David Cope)의 〈음악 지능 실험(Experiments in Musical Intelligence)〉(1981)이 대표 사례다. 이는 특정 작곡가의 음악 스타일을 학습한 AI가 새로운 곡을 창작할 수 있는 시스템을 개발하며 AI 창작의 가능성을 보여 주었다. AI는 기존 데이터를 학습해 새로운 형태의 창작물을 생산할 수 있는 능력을 입증했으며, 인간 작곡가의 스타일을 재현하거나 변형하는 데 성공했다. 이 시기는 음악뿐만 아니라 시각 예술과 문학에서도 AI의 활용이 확산하며 인간과 AI의 협력 가능성이 본격적으로 논의되기 시작한 시점이었다.

2010년대 이후에는 딥러닝 기술이 비약적으로 발전하면서 AI가 예술 창작의 독립적 주체이자 예술가의 협력 파트너로 자리 잡았다. 특히 생성적 적대 신경망(Generative Adversarial Network, GAN)과 변환기 모델(Transformer) 같은 고도화된 기술은 AI가 독창적이고 복잡한 예술 작품을 창작할 수 있게 했다. 프랑스 예술 그룹 오비어스(Obvious)의 〈에드몽 드 벨라미(Edmond de Belamy)〉(2018)는 GAN 알고리즘을 통해 고전 초상화 데이터를 학습해 생성된 작품으로, 뉴욕 크리스티 경매에서 약 43만 달러에 낙찰되며 큰 주목을 받았다. 또한 레픽 아나돌(Refik Anadol)이 뉴욕 현대미술관에 설치한 〈비지도(Unsupervised)〉는 13만 점 이상의 근현대 미술 작품 데이터를 학습해 생성된 작품으로, AI와 인간의 협업을 통해 예술적 표현의 경계를 확장한 사례로 평가받는다. 현대 AI 예술은 기존 예술 형식을 재현하는 것을 넘어 인간이 상상하지 못했던 새로운 형식과 경험을 창출하는 데 기여하고 있다.

인공지능과 문화예술 생태계 변화

문화예술 생태계는 문화예술 상품과 서비스의 기획, 창작, 유통, 소비 등 가치사슬에 관여하는 다양한 주체들이 상호작용하는 유기적인 시스템을 말한다(European Commission, 2024). 인공지능은 이러한 문화예술 생태계 전반에 영향을 주고 있으며 이로 인해 문화예술의 창작 방식, 유통 구조, 향유 경험이 변화하고 있다.

AI는 초기에는 단순 보조 도구나 추천 알고리즘 수준에 머물렀으나, 최근에는 실질적인 '협업 창작자' 혹은 독자적인 '창작 주체'로 부상하고 있다. 생성형 인공지능(Generative AI)은 별도의 물리적 도구나 촬영 과정 없이 텍스트나 데이터 입력만으로 예술적 결과물을 생성할 수 있어, 예술 창작 방식에 새로운 전환을 가져오고 있다. 특히 멀티모달 생성형 인공지능(Multimodal Generative AI)은 텍스트, 이미지, 사운드, 비디오 등 다양한 형식의 데이터를 입력받아 다른 형식의 콘텐츠를 생성하는 기술로, 예술 분야에 큰 영향을 미치고 있다. 이 기술은 창작의 표현 수단을 확장할 뿐 아니라 반복적이고 기술적인 작업의 자동화를 가능하게 한다. 특수효과 삽입, 영상 편집, 음악 편곡, 사진 보정 등 과거에는 많은 시간과 인력이 소요되었던 작업들이 AI를 통해 자동화되면서 예술가는 보다 창의적인 작업에 집중할 수 있게 되었다. 한편 인공지능은 예술가의 스타일을 학습해 새로운 창작물을 제안하는 방식으로도 진화하고 있다. 〈넥스트

렘브란트(The Next Rembrandt)〉(2016)는 17세기 화가 렘브란트의 회화 스타일을 딥러닝으로 분석한 뒤, 마치 렘브란트가 그린 듯한 새로운 초상화를 생성했다. 이 프로젝트에서 인간은 기획과 데이터 설계, 알고리즘 구축을 담당했고, 인공지능은 실제 이미지를 생성하는 창작 파트너로서 역할을 수행했다. 이처럼 인공지능은 예술가가 기술과 결합된 새로운 표현 양식을 탐색하는 기반이 되고 있다.

AI의 도입은 문화예술의 유통 방식을 종래의 대량 공급 모델에서 개인 맞춤형 추천 시스템 중심으로 전환하고 있다. 넷플릭스나 유튜브 같은 OTT(Over-The-Top) 플랫폼은 알고리즘을 통해 사용자의 시청 이력을 학습하고, 취향에 최적화된 콘텐츠를 추천한다. 이러한 AI 기반 추천 시스템은 전통적인 영화관, 방송, 통신 간의 경계를 허물고 콘텐츠 소비의 패러다임을 '개인화된 큐레이션' 중심으로 전환하고 있다. 미술관이나 공연장 등 오프라인 문화 공간에서도 AI 챗봇이나 로봇 안내 시스템을 도입해, 관람객에게 작품 해설과 큐레이션을 제공함으로써 체험의 질을 향상시키고 있다. 인공지능은 VR · AR 기반의 메타버스 플랫폼이나 NFT 기술과 결합하며 새로운 유통 모델도 제시하고 있다. 메타버스 플랫폼에서 인공지능은 관람객 반응을 분석하고 맞춤형 해설이나 대화형 큐레이션을 제공한다. NFT는 인공지능이 생성한 디지털 예술작품에 희소성과 소유권을 부여해 유통과 수익화의 새로운 모델을 제시하고 있다. 보토(Botto)와 같은 AI 기반 NFT 아트 프로젝트는 AI가 창작하고, NFT가 유통과 수익화를 담당하는 융합적 방식을 보여 준다(한국저작권위원회, 2024.2).

AI가 이끄는 또 다른 변화는 향유 방식의 혁신이다. 우선 개인화된 큐레이션 시스템이 고도화하면서 관객은 방대한 예술 작품 중 자신의 취향과 수준에 맞는 전시나 공연, 음악을 더 쉽게 탐색할 수 있게 되었다. 아울러 AI 번역 및 자막 생성 기술은 언어 장벽을 해소함으로써 다양한 문화권의 예술품에 대한 접근성을 높이고 있다. 전 세계 관객은 이제 서로 다른 언어와 문화적 맥락을 가진 예술 콘텐츠를 실시간으로 감상할 수 있다. AI는 초보 예술가나 아마추어 창작자에게도 민주화된 창작 환경을 제공한다. 누구나 AI 도구를 통해 예술적 아이디어를 손쉽게 예술 작품으로 구현할 수 있다. 최근 챗GPT에서 사진을 지브리 스타일로 바꿔 주는 기능은 일반 사용자의 창작 참여를 일상화한 대표적인 사례라 할 수 있다.

인공지능과 예술 개념

인공지능의 발전은 예술의 개념과 경계도 재구성하고 있다. 지금까지 예술가는 창의력과 의도를 지닌 인간이라는 전제가 있었다. 그러나 AI가 독자적으로 혹은 인간과 협업해 예술 작품을 만들어 내기 시작하면서, 예술 창작의 주체와 본질을 다시 고찰해 보아야 할 필요성이 제기되었다. 과연 무엇이 예술인가? 이는 인간이 만든 것만 예술인가, 동물이나 로봇 같은 비인간적 주체가 만든 것은 예술이 될 수 없는가라는 질문을 제기한다(이해완, 2024).

콩고는 그림을 그리는 침팬지다. 1950년대 영국의 동물학자 데스먼드 모리스(Desmond Morris)의 실험을 통해 그림을 그린 것으로 알려져 있다. 콩고는 붓이나 크레용을 사용해 색과 선을 배열하는 행위를 했는데, 일부 작품은 추상 표현주의 회화와 유사한 구성을 보여 주었다. 콩고의 그림은 2005년 런던 보넘스(Bonhams) 경매에서 약 1만 4천 파운드에 판매되었다. 이는 동물이 만든 결과물도 '미적 가치'를 인정받을 수 있는지에 대한 논의를 촉발하는 계기가 되었다.

아이다(Ai-Da)는 그림을 그리는 휴머노이드 로봇이다. 에이단 멜러(Aidan Meller)를 비롯한 예술 · 로봇 ·

컴퓨터공학 전문가들이 협업해 개발했다. 아이다는 카메라로 사물을 인식한 뒤, 내부 알고리즘에 따라 로봇 팔을 제어해 그림을 그린다. 아이다의 작품은 미술관 전시에 등장하며, 인공지능과 예술의 관계를 탐구하는 상징적 사례로 자리 잡았다. 2024년에는 아이다가 그린 〈AI 신, 앨런 튜링의 초상(AI God, Portrait of Alan Turing)〉이 런던 소더비 디지털 아트 세일에서 132만 달러에 낙찰되었다. 이는 AI 생성물이 미술 시장에서도 상당한 경제적 · 문화적 가치를 인정받고 있음을 보여 준다.

침팬지 콩고와 로봇 아이다는 모두 비인간적 주체가 창작 활동을 수행한다는 공통점을 지닌다. 그러나 이 둘은 예술적 의도와 미적 판단의 존재 여부라는 측면에서 차이를 보인다. 콩고의 행위는 훈련과 본능적 반응에 기반한 것으로, 인간 예술가처럼 자율적 의도나 미적 판단을 갖고 있다고 보기 어렵다. 아이다 역시 감정이나 자발적 의도를 지니지 않지만, 프로그래머가 사전에 설계한 알고리즘을 통해 색감, 구도, 형식 등의 요소를 선택하는 과정을 수행한다는 점에서 차이가 있다. 콩고의 작품이 예술 경매나 전시에서 주목받는 이유는 작품 자체보다는 그것에 부여된 인간의 해석과 맥락화 덕분이다. 아이다의 작품 역시 'AI 예술'이라는 브랜드 아래 미술관 전시와 언론 보도를 통해 예술로 소개되고 있다. 이처럼 비인간 주체의 창작물이라 하더라도, 사회적 맥락과 제도적 승인을 통해 예술로 간주될 수 있다. 조지 디키(Dickie, 1974)의 예술제도론에 따르면, 예술의 본질은 창작 주체가 누구인가보다는 그 결과물이 예술 세계(artworld)의 구성원들에 의해 예술로 인정받는가에 달려 있기 때문이다. 결국 콩고와 아이다 모두 예술로 간주되는 여부는 작품의 내재적 특성보다는 그에 부여된 문화적 해석과 제도적 승인에 의해 결정된다고 볼 수 있다.

오늘날 인공지능 시대의 창작에서 가장 일반적인 방식은 AI와 인간 예술가의 협업이다. 이 경우 예술가는 학습 데이터나 알고리즘 설계를 기획하고, AI가 생성한 결과물을 수정하거나 새로운 맥락에 배치함으로써 작품화한다. 이는 예술가의 역할을 전통적인 창작자에서 큐레이터이자 설계자로 전환하며, 창의성의 개념 자체를 재정의하게 만든다. 그러나 AI 기술이 고도화되어 인간의 개입이 점차 축소될수록, 어디까지를 인간의 창작으로 볼 수 있는가에 대한 논의는 더욱 복잡해진다. 테세우스의 배(Ship of Theseus) 역설을 적용해 보면, 작품의 상당 부분이 AI 알고리즘에 의해 생성되고, 인간은 데이터 제공, 결과 감수 등 한정된 역할만 수행한다면, 그 작품을 누구의 것으로 간주해야 하는가라는 물음이 제기된다. 현행 저작권법에서 비인간 주체는 법적 권리를 가질 수 없으므로, 작품의 법적 권리는 해당 알고리즘을 설계하거나 결과물을 판매한 인간에게 귀속될 가능성이 높다. 그러나 이것이 곧 AI의 창의성을 부정하는 것은 아니며, 기술이 고도화될수록 인공지능이 독립된 예술가로 인정받을 수 있는가에 대한 논의는 계속될 전망이다(이해완, 2024).

그렇다면 인공지능의 창의성은 현재 어떤 단계에 도달해 있는가. 마거릿 보든은 창의성을 "새롭고, 놀랍고, 가치 있는 아이디어 또는 인공물을 제시하는 능력"으로 정의하고, 이를 조합적 창의성(Combinational Creativity), 탐색적 창의성(Exploratory Creativity), 변혁적 창의성(Transformational Creativity)으로 구분했다(Boden, 1990). 프란체스켈리와 무솔레시의 연구에 따르면, AI는 현재 조합적 창의성과 탐색적 창의성을 구현하는 데는 성공을 거두었지만, 변혁적 창의성은 아직 완전히 구현하지 못한 것으로 평가된다(Franceschelli & Musolesi, 2024). 즉, AI는 기존 개념이나 요소들을 새롭게 조합하거나 주어진 규칙 내에서 새로운 가능성을 탐색하는 것은 가능하지만, 틀을 깨고 완전히 새로운 개념을 창조하는 변혁적 창의성은 달성하지 못했다. 이는 AI가 기존 데이터와 규칙 내에서 학습하고 작동하는 특성 때문으로, 완전히 새로운 개념을 창출하는 능력에는 한계가 있음을 시사한다. 그러나 AI 기술은 지속적인 발전을 거듭하고 있으며, 향후 변혁적 창의성을 구현할 가능성도 있다.

예술의 미래와 문화 정책의 과제

젠슨 황(Jensen Huang)은 CES 2025 기조연설에서 인공지능의 발전 단계를 지각형 AI(Perception AI), 생성형 AI(Generative AI), 에이전트 AI(Agentic AI), 물리적 AI(Physical AI)로 구분했다. 지각형 AI는 인간의 감각을 모방해 시각 및 청각 정보를 인식하고 이해하는 단계로, 애플의 시리(Siri), 얼굴 인식 스마트폰 잠금 해제 등 이미지 및 음성 인식 시스템이 이에 해당한다. 생성형 AI는 데이터를 기반으로 새로운 콘텐츠를 생성하는 능력을 지니며, 텍스트나 이미지 생성 모델이 그 예다. 에이전트 AI는 자율적으로 목표를 설정하고 실행하는 인공지능으로, 자율주행 차량의 AI 시스템이나 고도화된 챗봇 등이 대표적이다. 마지막으로 물리적 AI는 물리적 세계에서 직접적인 상호작용을 수행하는 로봇 형태의 AI를 의미하며, 인간형 로봇이나 산업용 로봇이 이에 속한다

(NVIDIA, 2025).

현재 우리는 생성형 AI 단계에 있다. 에이전트 AI는 현재 초기 단계이지만, 자율 주행 자동차, 로봇 자동화, 개인 비서, AI 과학 연구 등 다양한 분야에서 발전 가능성을 보여 주고 있다. 에이전트 AI는 자율적인 목표 설정과 실행 능력을 갖춘 AI로, 최근 오픈AI가 발표한 〈오퍼레이터(Operator)〉는 식당을 예약하고 장보기를 한다. 앞으로 시간과 비용만 얘기하면 내 취향에 맞는 전시나 공연을 예약하고 인근 맛집을 선택해 주며 자율 운전을 해 주는, 나보다 더 나를 잘 아는 에이전트 AI가 가능할 수 있다. 물리적 AI는 휴머노이드 로봇 형태로 구현되어, 공연에 출연하거나 무대나 전시장의 스태프로 활동할 수도 있다.

이처럼 인공지능은 문화예술 생태계에 다양한 가능성을 가져오지만 동시에 디지털 격차 심화, 일자리 감소, 저작권 및 윤리적 편향 문제, 문화 다양성 위축 등의 위험을 야기하기도 한다. AI가 생성한 예술 작품의 저작권 귀속을 둘러싼 논란은 아직 제도적 합의가 충분하지 않으며, 알고리즘이 가진 학습 데이터 편향은 특정 문화권의 예술 스타일이나 표현을 과도하게 일반화하거나 타 문화 표현을 소외시킬 우려가 있다. 따라서 기술적 진보와 더불어 인간 중심의 가치와 문화 다양성 존중, 공정한 접근성 보장, 투명한 알고리즘 운영 등을 위한 제도적·윤리적 논의가 절실하다. 이를 위해서는 예술가, 기술 전문가, 정책 입안자, 소비자 등 다양한 이해관계자들이 문화예술 생태계의 지속 가능한 발전을 위해 협력하고, AI를 조력 도구이자 창작 파트너로 받아들이되, 인간의 고유한 창의성과 예술적 감수성을 보호할 수 있는 균형점을 모색해야 한다. 인공지능 시대 문화 정책은 이러한 기술 변화의 흐름 속에서 문화예술 생태계가 지속 가능한 성장을 이룰 수 있도록 모니터링하며 관련 제도를 정비해야 할 것이다.

참고문헌

이해완(2024). "인공지능은 예술을 꿈꾸는가?". 『AI, 예술의 미래를 묻다』. 시공아트. 41-78.

한국저작권위원회(2025.2). "AI 예술 시장의 성장과 저작권 논쟁". ≪저작권 이슈 트렌드≫ 제51호(2025.1-2).

Boden, M.(1990). *The Creative Mind: Myths and Mechanisms. Second edition.* Routledge.

Dickie, G.(1974). *Art and the Aesthetic: An Institutional Analysis,* Ithaca: Cornell University Press.

European Commission.(2024). Monitoring the twin transition of industrial ecosystems : cultural and creative industries. https://monitor-industrial-ecosystems.ec.europa.eu/indust

rial-ecosystems/creative-and-cultural-industries
Franceschelli, G., & Musolesi, M.(2024). Creativity and Machine Learning: A Survey. https://dl.acm.org/doi/10.1145/3664595
Harold Cohen. https://www.aaronshome.com/aaron/index.html
NVIDIA(2025). NVIDIA CEO Jensen Huang to Deliver CES 2025 Keynote, https://www.youtube.com/live/k82RwXqZHY8
Obvious. https://obvious-art.com/
The Next Rembrandt. https://www.nextrembrandt.com/

01
AI와 예술 창작

AI는 문학, 미술, 연극 등 예술에서 활발히 활용되고 있다. AI는 시와 희곡을 쓰고, 그림을 그리며, 음악을 작곡한다. AI는 예술가에게 영감을 제공하고 창작의 효율을 높이는 데 기여한다. 그러나 AI를 활용한 창작은 어디까지 인정될 수 있는지, AI의 산출물은 예술적 독창성을 지니는지 논란이 있다. AI가 예술의 창작에 미치는 영향을 분석했다.

AI와 1인 창업?

협력적 창작자로서 인공지능

문학 창작 과정에서 AI는 작가가 구상한 방향에 따라 초안 설계나 문장 작성을 자동화하고 함께 서사를 만들어 가는 '협력자'로 기능한다. 챗GPT, 수도라이트(Sudowrite) 등의 언어 모델은 키워드나 인물 설정을 입력하면 줄거리의 일부나 대사를 즉시 생성함으로써 스토리텔링 과정에서 작가의 부담을 덜어 준다. 2023년 7명의 작가와 챗GPT가 공동 집필한 소설집 『매니페스토(Manifesto)』가 출판되었다. 인간과 인공지능이 공동 저자로 표기된 첫 소설집이다. 챗GPT가 집필 과정에서 제안한 텍스트, 설정, 문장 스타일 등을 작가들이 선별·수정·재구성함으로써, AI와 인간이 실질적으로 함께 스토리텔링을 완성했다. 작품의 문학적 완성도에 대해서는 평가가 엇갈렸으나, AI 생성 문장을 어디까지 예술적 기여로 인정할 것인지, 인간 작가의 큐레이션 과정이 어떤 가치를 지니는지 등에 대한 논쟁을 제기하는 계기가 되었다.

시각예술 분야에서 AI는 예술가가 미처 떠올리지 못한 시각적 아이디어를 자동 생성해, 초기 구상 단계의 시행 착오를 줄이거나 아이디어의 확장 가능성을 제시한다. 예컨대 미드저니, 달리 3, 스테이블디퓨전과 같은 이미지 생성 AI는 텍스트 프롬프트를 기반으로 여러 스타일의 이미지를 제안해 작품을 구체화하도록 돕는다. 인공지능을 통해 데이터를 시각화한 작품도 나타났다. 레픽 아나돌(Refic Anadol)의 〈지구의 메아리: 살아 있는 기록 보관소(Echoes of the Earth: Living Archive)〉(2024)는 데이터 기반 미디어 아트 작품이다. 그는 미국 항공우주국, 해양기상청 등 공공 데이터 플랫폼에서 제공하는 위성 이미지, 기후 · 해양 관측 기록 등 대규모 지구 환경 데이터를 실시간으로 시각화하는 몰입형 미디어 작품을 설치해 지구 생태계의 역동성을 예술적 차원에서 체험하게 했다. 이는 아나돌이 일관되게 추구해 온 '데이터로부터의 미학'이라는 주제를 환경 데이터에 확장 적용한 사례다.

음악 분야에서 아이바(AIVA), 수노(Suno), 유디오(Udio) 같은 AI는 특정 장르 · 분위기 · 길이 등을 조건으로 음악을 생성한다. AI는 클래식 음악에서 영화음악에 이르기까지 다양한 장르의 음악을 맞춤형으로 생성할 수 있으며, 작곡, 편곡, 마스터링, 악보 생성, 음질 향상 등을 자동화해 시간과 비용을 절감해 준다. 수노는 2024년 '생성 AI 소비자 앱 톱 100'에서 5위를 차지할 정도로 대중적으로 사용되고 있다(Horowitz, 2024).

무용 분야에서는 딥댄스(DeepDance), 댄스젠(DanceGen) 등의 인공지능이 무용가의 움직임 데이터를 분석해 새로운 안무 패턴을 제안함으로써, 참신한 표현 기회를 제공한다. 웨인 맥그리거(Wayne McGregor)의 〈살아 있는 아카이브: 공연 실험(Living Archive: a performance experiment)〉(2019)은 AI가 무용수들의 움직임 데이터를 학습한 뒤, 새로운 안무를 자동 생성하여 제안하면, 무용가가 이를 완성하는 인간-기계 협업 안무 프로젝트다. 이 프로젝트는 무용계와 테크놀로지 전문가 양측에서 공연예술과 알고리즘의 융합 가능성을 높이 평가받았다.

예술가의 역할 변화와 프롬프트 엔지니어링

인공지능의 도입은 예술 창작의 전 과정을 변화시키고 있다. AI는 창작 초기의 아이디어 구상에서부터 시각화, 구체화, 수정 · 보완에 이르기까지 다양한 단계에서 예술가의 창의적 의사 결정을 보조하고 있다.

아이디어 구상 단계에서는 창의성의 증폭을 돕는 조력자로 기능한다. 음악 생성 AI는 짧은 멜로디 조각인 스니펫(Snippet)을 생성해 작곡의 출발점을 제공하며 다양한 조합을 통해 창작의 방향을 설정하는 데 도움을 준다. 둘째, 구체화·시각화 단계에서는 과거 수작업으로만 가능했던 예술적 실험이 빠르게 이루어진다. 3D 생성 AI는 텍스트나 이미지를 바탕으로 3차원 형태를 생성해 입체적 표현의 가능성을 시험해볼 수 있도록 한다. 이는 조형예술, 미디어 아트, 무대미술 등에서 실험 비용과 시간을 줄이는 데 유효하다. 셋째, 수정·보완 단계에서는 작품의 기술적, 미학적 완성도를 높이는데 기여한다. 대화형 AI가 서사의 일관성을 점검해 작품의 미학적 완성도를 높이고, AI 기반 오디오 툴은 노이즈 제거, 화음 재조정 등을 수행해 작품의 기술적 완성도를 높인다. 이처럼 AI 도구들은 창작 과정에서 반복적인 작업을 자동화해 예술가가 더 창의적인 핵심 작업에 집중할 수 있도록 지원한다. 동시에 다양한 표현 가능성을 신속하게 탐색할 수 있도록 해 창작자가 새로운 영감을 얻는 기회를 확대한다. AI의 이러한 역할은 창작자의 예술적 선택을 보완하는 동시에 작업의 효율성을 증진하는 데 기여한다.

인공지능의 도입으로 예술가의 역할도 변화하고 있다. 예술가는 AI와 협업하며 창작 방향을 설정하고 조정하는 창의적 설계자로 진화하고 있다. '프롬프트 엔지니어링(Prompt Engineering)'은 이러한 역할을 수행하기 위한 필수 역량이다. 프롬프트 엔지니어링은 AI가 창작자의 의도에 따라 원하는 결과를 생성할 수 있도록 입력 텍스트를 최적화하는 기술이다. 예술가는 창작, 실연, 기술, 경영 등 다양한 직무로 구분되는데, 이에 따라 AI를 활용하는 방식도 다르게 나타난다. 작가, 미술가 등 창작자는 AI를 활용해 작품의 방향을 설정하고 구체화하는 '창의적 디렉터(creative director)'의 역할을 수행한다. 연출가, 배우 등 실연가는 AI를 통해 배우와 관객의 실시간 데이터를 분석하고 이에 따라 공연의 흐름을 조절하는 '상호작용적 예술가(interactive artist)'로 변화하고 있다. 음향, 조명 등 테크니션은 AI 기반 무대 시스템을 다루는 '창의적 엔지니어(creative engineer)'로 변화하고 있으며, 프로그래밍과 데이터 분석 역량이 필수적으로 요구된다. 공연 기획자, 프로듀서, 마케팅 인력 등 예술 기획 및 경영 인력은 AI가 분석한 관객 데이터를 기반으로 트렌드를 예측해 기획과 마케팅에 활용하는 '문화 전략가(cultural strategist)'의 역할이 강조되고 있다.

질문하는 자로서 예술가

인공지능이 창작 과정과 예술가의 역할을 변화시키고 있지만, 변화하지 않는 것이 있다. 그것은 '질문하는 자'

로서 예술가다. 노벨문학상 수상자인 한강 작가는 '질문하는 자'로서 예술가의 역할을 잘 보여 준다. 그는 노벨문학상 수상 연설에서 자신의 작품이 '세상은 왜 이토록 폭력적이고 아름다운가'라는 질문에서 비롯되었다고 밝혔다. 예술가마다 각자의 질문이 있고 하고 싶은 말이 있다. 이는 인공지능 시대에도 예술가가 수행해야 할 본질적인 역할과 맞닿아 있다.

AI가 창작 도구로서 강력한 기능을 제공하는 시대에 예술의 독창성은 기술적 구현이 아니라, 어떤 질문을 던지고 의미를 탐구하며 인간의 경험을 해석하는가에 의해 결정된다. 현재 AI는 방대한 데이터를 학습해 스타일을 모방하고 패턴을 분석하며 창작을 보조할 수 있다. 하지만 스스로 질문을 던지고 기존 패러다임을 넘어서는 능력은 부족하다. 예술가의 역할은 AI에게 지시하고 AI가 제공하는 수많은 선택지 중에서 창작 의도에 맞는 것을 선택하고 큐레이션하는 것이다. AI가 소설을 수백 편 자동으로 생성할 수 있지만, 언제 생성을 멈출 것인가를 결정하는 것은 창작자의 몫이다.

예술가-인공지능 협업 환경 조성을 위한 과제

인공지능이 예술 창작의 가능성을 확장하면서, 예술가

와 AI의 지속 가능한 협업 환경 조성은 문화예술 정책의 주요 과제로 부상하고 있다. 그러나 효과적인 협업을 위해서는 기술적 장벽, 비용과 접근성 문제, 그리고 예술 장르에 특화된 AI 기술 부족과 같은 장애 요인을 해소할 필요가 있다. AI 기반 창작 도구의 활용에는 프롬프트 엔지니어링, 데이터 트레이닝, 알고리즘 조정 등 높은 수준의 기술적 이해가 요구되지만, 많은 예술가는 이에 대한 전문 지식을 갖추지 못해 창작 과정에서 어려움을 겪고 있다. 또한 고성능 컴퓨팅 자원과 유료 AI 서비스 이용 비용은 개별 예술가들에게 부담으로 작용해 접근이 제한될 가능성이 크다. 이에 따라 예술가들이 AI 기술을 활용할 수 있도록 지원하는 정책적 노력이 요구된다.

첫째, AI 예술 창작에 필요한 기술 인프라 지원이 필요하다. 고성능 GPU 서버, 대용량 스토리지, 고속 네트워크 등 컴퓨팅 자원과 다양한 소프트웨어 라이선스를 갖춘 AI 예술 창작 스튜디오를 조성할 필요가 있다. 둘째, 양질의 데이터셋을 활용할 수 있는 기반을 마련할 필요가 있다. 한국 문화예술에 대한 데이터셋을 구축하고 공정한 저작권 보상에 기초해 활용할 수 있도록 해야 한다. 이는 문화 다양성 보호 차원에서도 중요한 과제다. 셋째, 예술 장르에 특화된 AI 기술 R&D 지원을 통해 특정 예술 분야에 최적화된 AI 응용 소프트웨어 및 알고리즘을 개발하고, 이를 예술가들이 창의적으로 활용할 수 있도록 지원할 필요가 있다. 넷째, 교육 및 네트워크 활성화를 통해 AI 기술에 대한 예술가들의 이해도를 높이고, AI와 협업하는 창작 역량을 강화해야 한다. 이를 위해 예술가들이 관련 기술을 갖출 수 있도록 교육을 지원하고 예술가와 기술자 간 협력 프로젝트를 장려하는 정책적 지원이 필요하다. 마지막으로 예술가들의 AI 활용이 확대됨에 따라 문화예술 생태계가 어떻게 변화하는지 지속적으로 모니터링하고 연구할 필요가 있다.

참고문헌

김달영 외(2023). 『매니페스토』. 네오픽션.

Horowitz, A.(2024). The Top 100 GEN AI Consumer Apps 3rd Edition. https://a16z.com/100-gen-ai-apps-3/

German Commission for UNESCO(2024). Approaches to an ethical development and use of AI in the Cultural and Creative Industries. https://www.unesco.de/assets/dokumente/Deutsche_UNESCO-Kommission/02_Publikationen/DUK_Broschuere_KI_und_Kultur_EN_web_02.pdf

McGregor, W.(2019). Living Archive – Wayne McGregor. [Experiments with Google]. https://experiments.withgoogle.com/living-archive-wayne

—mcgregor

Refik Anadol Studio. https://refikanadol.com/

02
AI와 문화 콘텐츠 제작

영화, 음악, 게임 등 문화 콘텐츠 산업에서는 AI가 혁신의 주체로 자리 잡고 있다. AI는 영화의 특수 효과를 개선하고, 음악을 자동으로 생성하며, 게임 캐릭터의 행동을 학습한다. 이러한 기술은 제작 비용 절감과 효율성 향상을 가능하게 한다. 이 장에서는 문화 콘텐츠 산업 각 분야에서 AI가 어떻게 제작에 활용되고 있는지, 그 사례와 효과를 탐구한다.

AI와 MBTI?

콘텐츠 제작의 AI 시장 규모

인공지능 기술의 발전은 문화 콘텐츠 제작 방식에 근본적인 변화를 가져오고 있다. 인간의 창의적 노동에 의존했던 창작 활동은 이제 인공지능의 지원으로 새로운 가능성을 탐색하고 있다. 인공지능은 콘텐츠 제작의 효율성을 높이는 도구이자 인간 창의력을 촉진하는 협력자 역할을 한다. 콘텐츠 제작 분야 글로벌 생성형 AI 시장 규모는 2023년 116억 달러에서 2033년 약 1,753억 달러로 연평균 31.2% 성장할 것으로 예상된다(Market.us, 2024.11). 한국콘텐츠진흥원(2024.11.11)에 따르면, 국내 콘텐츠 기업의 13.2%가 생성형 AI를 활용하고 있으며 이들의 74.7%가 제작 환경에 도입하고 있다. 이 장에서는 영화, 음악, 게임 분야를 중심으로 인공지능이 문화 콘텐츠 제작에 미치는 영향을 분석하고 정책적 과제를 살펴본다.

영화 산업과 AI

영화 분야의 글로벌 AI 시장 규모는 2023년 14억 달러에서 2033년 약 141억 달러로 연평균 25.7% 성장할 것으로 예상되며, 영화의 약 70%가 제작 과정에 AI 기술을 도입하고 있다(Market.us, 2024.10a). 영화 분야에서 AI

는 시나리오 작성부터 배급 및 마케팅까지 전 과정에 걸쳐 활용된다. 시나리오 작성 단계에서는 스토리 분석 및 아이디어 창출을 지원한다. 사전 제작 단계에서는 AI 기반 캐스팅, 로케이션 선정, 스토리보드 및 사전 시각화를 통해 효율성을 높인다. 제작 단계에서는 가상 세트 및 환경 생성, VFX 기술 자동화로 비용을 절감하고 품질을 향상하는 데 기여한다. 후반 작업 단계에서는 색상 보정, 편집, 시각 효과 등을 자동화해 창의적 작업에 집중할 수 있도록 지원한다. 배급 및 마케팅 단계에서는 AI 기반 예측 분석을 통해 마케팅 및 유통 전략을 최적화한다.

20세기 폭스사는 스크립트북(Scriptbook)을 활용해 영화 〈로건〉의 스토리 분석에 활용했고, 워너브라더스는 시네리틱(Cinelytic)을 통해 캐스팅 결정을 최적화했다. 〈어벤져스: 인피니티 워〉에서는 디즈니의 페이스디렉터(FaceDirector)가 합성 표정 생성에 활용되었으며, 어도비 센세이(Adobe Sensei)는 후반 작업 자동화에 기여했다. IBM 왓슨(IBM Watson)은 영화 〈모건(Morgan)〉 예고편 제작에 활용되었다(Shota, 2024.5.8.). 권한슬 감독의 〈원 모어 펌킨(One More Pumpkin)〉처럼 별도의 장비 없이 순수하게 AI만 활용해 영화를 제작하는 것도 가능해졌다.

음악 산업과 AI

음악 분야의 글로벌 AI 시장 규모는 2023년 39억 달러에서 2033년 약 387억 달러로 연평균 25.8% 성장할 것으로 전망된다. 디토뮤직에 따르면, 음악가의 60%가 이미 AI를 음악 활동에 도입하고 있다. 음악 분야에서 AI는 작곡, 편곡, 믹싱, 마스터링, 가상 악기 및 보컬 생성, 실시간 연주 등 다양한 영역에 활용된다. AI는 방대한 음악 데이터를 학습해 새로운 멜로디, 화성, 리듬을 생성하고, 사용자 입력에 따라 다양한 장르의 음악을 작곡할 수 있다. 아이바(AIVA), 랜더(LANDR) 같은 AI 소프트웨어는 음악 제작 과정을 자동화하고 효율성을 높인다. 스포티파이 같은 음악 플랫폼은 AI 기반 사용자 맞춤형 음악 추천 서비스를 제공하고 마케팅 전략을 개선한다. AI는 음악 프로듀서들이 창의적인 측면에 집중하도록 지원하고, 음악가들에게 새로운 창조적 도구를 제공하고 있다(Market.us, 2024.10b).

게임 산업과 AI

게임 분야의 글로벌 생성 AI 시장 규모는 2023년 11억 달러에서 2033년 약 111억 달러로 연평균 25.6% 성장할 것으로 예상된다. 게임 분야에서 AI는 개발 효율성 증대,

플레이어 경험 향상, 새로운 가능성 창출을 위한 핵심 동력이다. 특히 절차적 콘텐츠 생성(Procedural Content Generation, PCG) 기술은 알고리즘과 기계 학습을 활용해 게임 콘텐츠를 자동으로 생성함으로써 개발 시간과 자원을 절감한다. 또한 AI는 플레이어에게 개인화된 게임 환경을 제공한다. AI 알고리즘을 통해 독특한 특성을 지닌 논 플레이어 캐릭터(Non-Player Character, NPC)를 생성하고, 플레이어의 선택에 따라 스토리가 변화하는 몰입감 있는 경험을 제공한다. 주요 기업으로 엔비디아, 유니티, IBM 등이 있으며, 엔비디아는 AI 기반 자연어 상호 작용을 통해 NPC에 지능을 제공하는 게임용 아바타 클라우드 엔진(Avatar Cloud Engine for Games)을 출시한 바 있다. 하지만 생성 AI는 아직 높은 개발 비용, 지식 재산권 문제, 윤리적 문제, 콘텐츠 품질 및 일관성 보장 문제 등 여러 과제에 직면해 있다. 이러한 한계에도 불구하고 게임 AI 분야에는 절차적 콘텐츠 생성, 캐릭터 생성, 역동적인 내러티브 생성 등 다양한 기회가 존재하며, VR · AR 게임으로의 확장 가능성 또한 주목받고 있다(Market.us, 2024.7).

문화 콘텐츠 산업을 위한 정책 과제

인공지능은 문화 콘텐츠 제작 방식을 혁신하고, 다양한 분야에서 새로운 가능성을 제시한다. AI 기술은 콘텐츠 제작의 효율성을 높이지만, 일자리 감소, 저작권 문제, 윤리적 문제 등 해결해야 할 과제도 안고 있다. 정부는 AI 기술 개발과 활용을 지원하는 동시에 이러한 문제들을 해결하기 위한 정책적 노력을 기울여야 한다. 특히 문화 콘텐츠 제작에 특화된 AI 기술 개발 지원, AI 기술을 활용한 문화 콘텐츠 제작 전문 인력 양성, AI 생성 콘텐츠의 저작권 침해, 개인정보 보호, 윤리적 문제 등에 대한 법적 기준 마련, AI 기술 도입을 위한 인프라 구축 등 문화 콘텐츠 산업의 AI 기반 생태계 조성이 필요하다. 이러한 정책들이 적기에 보완된다면 인간과 AI의 협력을 기반으로 문화 콘텐츠 산업이 더욱 발전할 수 있을 것이다.

참고문헌

한국저작권위원회(2024.11.25). “콘텐츠 산업에서의 AI 활용 현황과 저작권 산업 영향”. ≪이슈 트렌드≫ 2024년 11-2호(제45호). 한국저작권위원회.

한국콘텐츠진흥원(2024.7.17). “AI가 이끄는 콘텐츠 산업혁명, 현재와 미래”. ≪KOCCA포커스≫ 통권 166호. 한국콘텐츠진흥원.

한국콘텐츠진흥원(2024.11.11). 『2024년 2분기 콘텐츠산업 동향분석 보고서』.
Market.us(2024.7). Genrative AI in Gaming Market. https://market.us/report/generative-ai-in-gaming-market/
Market.us(2024.10a). Generative AI in Film Market. https://market.us/report/ai-in-film-market/#overview
Market.us(2024.10b). Generative AI in Music Market. https://market.us/report/ai-in-music-market/
Market.us(2024.11). Generative AI in Content Creation Market. https://market.us/report/generative-ai-in-content-creation-market/
Shota, N.(2024.5.8). The AI Takeover In Cinema: How Movie Studios Use Artificial Intelligence. Forbes. https://www.forbes.com/sites/neilsahota/2024/03/08/the-ai-takeover-in-cinema-how-movie-studios-use-artificial-intelligence/

03
AI와 문화 시설

박물관, 미술관, 도서관 등 문화 시설에서는 AI를 통해 접근성과 운영 효율성을 높이고 관람객 경험을 풍부하게 하고 있다. AI는 박물관, 미술관, 도서관 자료에 대한 디지털 접근성과 활용을 제고하고, 방문객의 관람 패턴을 분석해 맞춤형 정보를 제공하거나, 자동화된 안내 서비스를 제공한다. 이 장에서는 AI가 문화 시설 운영에 미치는 영향과 혁신 사례를 살펴보고 이를 촉진하기 위한 정책 방안을 제시한다.

AI와 난임 극복?

문화 시설: 고품질 데이터의 보고

문화 시설은 문화를 유통하고 향유하는 공간으로, 창작자와 관객이 전시, 공연, 교육 등 문화 활동을 매개로 만나는 곳이다. 문화예술진흥법에 따르면 문화시설은 '문화예술 활동에 지속적으로 이용되는 시설'로 정의되며, 공연 시설, 전시 시설, 도서 시설, 지역문화 활동 시설, 문화 보급 · 전수 시설 등으로 구분된다. 이들은 공연장, 박물관, 미술관, 도서관, 문화의 집, 지방문화원 등 다양한 유형을 포괄하며, 국민의 문화 향유를 위한 기반 시설로서 정부의 정책적 지원을 받아 왔다. 『2023 전국 문화기반시설 총람』에 따르면 우리나라의 문화 기반 시설은 3,248개에 이른다.

문화 시설은 인공지능 발전에 데이터, 문화적 훈련, 테스트베드 제공이라는 측면에서 크게 기여해 왔다. 첫째, 박물관, 도서관, 기록관 등은 인공지능 학습에 필수적인 고품질 데이터의 보고다. 이들은 이미지, 텍스트, 영상, 메타 데이터 등 정제된 데이터를 제공해 인공지능 기술 발전의 토대를 마련했다. 둘째, 문화시설은 예술 작품과 문화 자료를 제공함으로써 인공지능이 예술적 창의성과 문화적 맥락을 이해도록 훈련하는 데 기여했다. 셋째, 문화 시설은 새로운 기술과 예술의 융합을 위한 테스트베드를 제공했다. 문화 시설과 인공지능 기업은 다양한 협업 프로젝트를 수행했으며, 이를 통해 인공지능 자체의 기술 혁신과 인공지능의 문화 시설 활용 가능성을 탐색할 수 있었다. 이처럼 인공지능 발전에 기여해 온 문화 시설은 이제 인공지능 기술을 활용해 새로운 변화를 맞이하고 있다. 이 장에서는 박물관과 도서관을 중심으로 문화 시설에서 AI의 활용 현황과 미래 전망, 정책적 과제를 살펴보고자 한다.

박물관 · 미술관과 AI

AI 기술은 박물관의 소장품 보존, 관리, 연구, 전시, 교육 등 다양한 분야에 적용되어 박물관 운영의 효율성을 높이고 관람객 경험을 향상하고 있다. AI 기반 챗봇은 관람객에게 전시물에 대한 정보를 제공하고 질문에 답변하며, 개인 맞춤형 관람 경로를 추천한다. 스미스소니언미국미술관은 2023년 AI 기반 박물관 오디오 가이드를 도입해 방문자의 관심사, 체류 시간, 사용 언어 등에 따라 개인화된 관람 코스와 해설 서비스를 제공했다. 그 결과 3개월 만에 3만 5천 명의 사용자를 확보하고, 이 중 30%가 재방문하는 성과를 거두었다(Museum Next, 2024.7.12).

AI는 박물관에 대한 장애인의 접근성을 향상하는 데

기여하고 있다. 네덜란드 국립미술관(Rijksmuseum)은 2024년 마이크로소프트와 협력해 시각장애인에게 100만 개가 넘는 미술 작품을 생생하게 설명해 주는 생성형 AI 오디오 서비스를 시작했다. 미술관은 수동으로 작업했다면 불가능했을 방대한 설명 작업을 AI를 활용해 짧은 시간 안에 완료할 수 있었다. 이 작업에 활용된 AI는 마이크로소프트의 애저 AI 컴퓨터 비전(Azure AI Computer Vision)과 애저 오픈 AI(Azure OpenAI)였다(Ma, 2024.10.30). 인공지능 덕분에 시각장애인은 일반인과 동등한 문화향유권을 보장받을 수 있게 되었다.

AI는 박물관 컬렉션을 효율적으로 관리하고, 컬렉션 간의 새로운 연결을 발견하는 데 기여하고 있다. 영국 왕립해군박물관(National Museum of the Royal Navy)은 사우스햄프턴 대학과 소장품 관리에 AI를 활용하는 프로젝트를 진행했다. AI는 박물관 소장품에 대한 설명을 토대로 메타 데이터를 자동으로 생성하고, 이미지 인식 기술을 통해 사진 속 유물을 판별해 내는데 도움을 주었다. 학예사는 인공지능과 협업을 통해 반복 업무는 자동화하고 데이터의 정확성을 검증하는 보다 중요한 역할에 집중할 수 있었다(Richardson, 2024.10.17). 박물관은 텍스트, 이미지, 영상, 유물 등에 대한 지능형 검색을 통해 소장품 간의 새로운 연결을 발견하고 전시 기획에 포함할 작품을 선별하는 AI 큐레이팅이 가능해졌다. 또한 AI는 소장품 보존에 영향을 주는 습도, 온도, 빛 등의 환경 데이터를 사물 인터넷을 통해 실시간으로 모니터링하고 제어함으로써 유물의 손상을 예방하고 에너지 비용을 절감하는 데 도움을 주고 있다.

AI는 전시회 방문객 수를 예측하고, 이를 기반으로 전시 공간 및 자원 관리, 마케팅 전략 수립 등을 효율적으로 수행할 수 있도록 지원한다. 영국 국립미술관(The National Gallery)은 과거 20년 이상의 전시 데이터를 기반으로 특별 전시회 수요를 예측할 수 있는 맞춤형 기계 학습 예측 모델을 개발했다. 예측 결과는 마케팅 전략, 티켓 가격 책정, 전시 기간 조정 등 전시 운영을 최적화하는 데 사용되고 있다(Murphy & Villaespesa, 2020).

마이크로소프트는 2021년 박물관 운영에 최적화된 인공지능 서비스를 통합적으로 제공하는 '도서관 및 박물관 디지털 전환 프레임워크(Libraries & Museums Digital Transformation Framework)'를 출시했다. 이 프레임워크는 방문자 경험, 고급 검색, 동적 운영, 지능형 환경 등 네 가지 핵심 영역에 대한 디지털 솔루션을 제공한다(Devine, 2021.2.9).

도서관과 AI

AI는 도서관에서 자료 검색, 분류, 관리, 이용자 서비스 등 다양한 분야에 적용되어 도서관 운영의 효율성과 이용자 편의성을 높이고 있다. AI는 개인 맞춤형 서비스와 지능형 검색을 제공한다. 이용자의 방문, 검색, 대출 기록 등을 분석해 개인 맞춤형 도서 추천 서비스를 제공한다. 또한 자연어 처리 기술을 기반으로 이용자의 질문에 답변하는 챗봇 서비스를 통해 정보 접근성을 향상하고 있다. AI는 자연어 처리 기술을 통해 도서의 내용을 분석해 지능형 검색이 가능하게 하고 있다. 유로피아나(Europeana)는 유럽의 온라인 문화유산 플랫폼으로 5천만 건 이상의 방대한 디지털 데이터를 제공하고 있다. 유로피아나는 〈문화를 위한 인공지능(AI4Culture)〉 프로젝트를 통해 유럽 공통 문화유산 데이터의 인공지능 활용을 촉진하고 있다. 스캔된 문서에서 다국어 텍스트를 인식하고, 비디오 콘텐츠에 다국어 자막을 자동으로 생성하며, 이미지에서 정보를 추출해 의미론적으로 연결한다. 이는 텍스트, 영상, 이미지 등에 대한 지능형 검색과 의미론적 연결을 가능하게 해 준다(Europeana pro).

AI는 도서관 자료의 분류 및 정리를 자동화하는 데 기여하고 있다. 미국 의회도서관은 AI를 활용해 수백만 건의 이미지와 텍스트 자료를 분류하고 메타 데이터를 생성해 자료 관리 시스템을 효율적으로 운영하고 있다. AI 기반 로봇은 장서 점검, 자료 이송, 서가 정리 등 단순 반복적인 업무를 자동화해 인력 운영의 효율성을 높인다. 싱가포르 국립도서관은 AI 로봇을 도입해 장서 점검을 자동화해 직원들이 이용자 서비스에 집중할 수 있도록 지원하고 있다. AI 기반의 자동화 서고 시스템은 공간 활용도를 극대화하고 자료 접근성을 높인다. 미국 노스캐롤라이나 주립대학의 〈헌트 도서관 북봇(Hunt Library BookBot)〉은 기존 서가 대비 9분의 1 정도의 공간에 장서를 보관하며 이용자가 온라인으로 책을 신청하면 로봇이 찾아 준다. 이는 장서 관리 공간과 비용을 절감하고 이용자의 편의성을 높이는 효과적인 시스템이다. AI는 미래 예측 및 전략 수립에도 활용되고 있다. AI는 도서관 자료의 이용 패턴과 트렌드를 분석해 미래의 자료 수요를 예측하고 도서관 운영 전략 수립 및 서비스 개선에도 도움을 주고 있다.

문화 시설을 위한 AI 정책

한국의 문화 시설이 인공지능 기술의 잠재력을 제대로

활용하기 위해서는 효과적인 정책 수립이 필수적이다. 문화체육관광부가 2024년에 발표한 '제4차 도서관 발전 종합계획(2024~2028)'과 '제3차 박물관·미술관 진흥 중장기 계획(2024~2028)'은 인공지능 활용에 대한 미래 과제를 포함하고 있다. 도서관 부문에서는 데이터 기반 운영 시스템 고도화, AI 및 로봇 활용 서비스 확대, 데이터 전문 사서 양성 등이 주요 과제로 제시되었다. 박물관 부문에서는 생성형 AI 기반 관람객 경험 풍부화, 소장 데이터 활용 기반 구축, 학예 인력의 AI 활용 역량 강화 등이 강조되었다. 그러나 현행 계획은 국립 기관 중심의 AI 활용에 치중되어 있으며, 공사립 박물관으로의 확산을 위한 정책적 지원은 미흡한 실정이다.

문화 시설 전체에 AI 기술이 도입되도록 촉진하기 위해서는 다음과 같은 정책적 노력이 요구된다. 첫째, AI 기술 도입 및 운영을 위한 인프라 구축과 첨단 장비 확보에 대한 지원이 필요하다. 특히 공사립 박물관과 같이 상대적으로 재정적 여력이 부족한 기관에 대한 지원을 강화해 디지털 격차를 해소해야 한다. 둘째, 문화시설 종사자의 AI 활용 역량을 강화하기 위한 교육 프로그램을 개발하고 운영해야 한다. AI 기술에 대한 이해를 높이고 실무 적용 능력을 배양함으로써, 현장에서 AI 기술을 효과적으로 활용할 수 있도록 지원해야 한다. 셋째, 고품질 문화 자원 데이터 구축을 위한 체계적인 지원이 필요하다. 데이터 구축 과정에서 발생할 수 있는 저작권 문제 해결을 위한 법적 검토와 지원, 그리고 AI 알고리즘의 투명성과 책임성 확보를 위한 윤리적 가이드라인 마련이 병행되어야 한다. 넷째, 문화 기관, 기술 제공자, 학술 기관 간의 협력 체계 구축을 통해 혁신과 자원 공유를 촉진해야 한다. 산학연 협력을 통해 AI 기술 개발 및 적용 경험을 공유하고, 공동 연구를 활성화해 시너지 효과를 창출해야 한다. 인프라 구축, 인력 양성, 데이터 구축, 협력 체계 강화 등 다각적인 지원을 통해 문화 시설의 디지털 전환을 가속화하고, AI 기술의 혜택을 모든 국민이 누릴 수 있도록 할 필요가 있다.

참고문헌

문화체육관광부(2023). 2023 전국 문화기반시설 총람.

문화체육관광부(2024). 제3차 박물관·미술관 진흥 중장기계획(2024~2028).

문화체육관광부(2024). 제4차 도서관 발전 종합계획(2024~2028).

Devine, C.(2021.2.9). Microsoft's Libraries & Museums Digital Transformation Framework. blooloop. https://blooloop.com/museum/in-depth/digital-transformation-museums-microsoft-catherine-devine/

Europeana pro. AI4Culture – An AI platform for the cultural heritage data space. https://pro.europeana.eu/project/ai4culture-an-ai-platform-for-the-cultural-heritage-data-space

European Commission(2022). Opportunities and challenges of artificial intelligence technologies for the cultural and creative sectors. https://op.europa.eu/en/publication-detail/-/publication/359880c1-a4dc-11ec-83e1-01aa75ed71a1/language-en

European Parliament(2023). Artificial intelligence in the context of cultural heritage and museums: Complex challenges and new opportunities. https://www.europarl.europa.eu/RegData/etudes/BRIE/2023/747120/EPRS_BRI(2023)747120_EN.pdf

Ma, V.(2024.10.30). Envisioning the Future of Museum Accessibility Through Artificial Intelligence. https://amt-lab.org/blog/2024/10/envisioning-the-future-of-museum-accessibility-through-artificial-intelligence

NC State University Libraries. Hunt Library Fact Sheet. https://www.lib.ncsu.edu/sites/default/files/wysiwyg-uploads/HuntLibraryFactSheet.pdf

Murphy, O., & Villaespesa, E.(2020). AI: A museum planning toolkit. Goldsmiths, University of London. https://themuseumsai.network/resources/museums-and-ai-toolkit/

Museum Next(2024.7.12). Artificial Intelligence Museum Audio Guide: AI Revolution at the Smithsonian American Art Museum. https://www.museumnext.com/article/artificial-intelligenc

e-museum-audio-guide-ai-revolution-at-the-smithsonian-american-art-museum/
Richardson, J.(2024.10.17). Harnessing AI for Museum Collections at the National Museum of the Royal Navy. https://www.museumnext.com/article/harnessing-ai-for-museum-collections-at-the-national-museum-of-the-royal-navy/

04
AI와 문화 플랫폼

문화 콘텐츠의 유통과 소비는 플랫폼을 통해 급속히 확대되고 있다. AI는 플랫폼에서 개인화된 추천 시스템을 구현하고, 사용자 데이터를 분석해 맞춤형 콘텐츠를 제공한다. AI 큐레이션이 문화 기자와 예술 평론가를 대체하고 있다. 이 장에서는 주요 문화 플랫폼에서 AI가 어떻게 활용되고 있는지, 그리고 우리의 문화 소비를 어떻게 변화시키고 있는지 다룬다.

AI와 사주?

문화 플랫폼

21세기 디지털 기술의 발달은 문화 콘텐츠 유통 방식의 변화를 불러왔다. 과거의 전통적 유통 구조가 물리적 공간과 매체 중심이었다면, 오늘날에는 디지털 플랫폼이 문화 유통의 핵심이 되고 있다. 이러한 변화는 인공지능의 발전과 함께 더욱 가속화되고 있으며, 문화 플랫폼의 운영 방식과 사용자 경험 전반에 걸쳐 큰 영향을 미치고 있다.

문화 플랫폼은 문화적 가치를 가진 콘텐츠를 창작자와 소비자 사이에서 중개하고 유통하는 온라인 서비스를 말한다. 대표적인 플랫폼으로는 유튜브(YouTube), 넷플릭스(Netflix), 스포티파이(Spotify), 스팀(Steam), 아마존 킨들(Amazon Kindle), 네이버 웹툰(Naver Webtoon) 등이 있다. 2024년 한국콘텐츠진흥원 조사에 따르면, 국민 10명 중 9명이 OTT를 이용하는 것으로 나타나, 문화 플랫폼이 국민의 문화 생활에 미치는 영향력이 매우 크다는 것을 보여 준다(한국콘텐츠진흥원, 2024).

문화 플랫폼은 인공지능과 결합하며 콘텐츠 유통을 혁신하고 있다. 첫째, 디지털화를 통해 사용자는 전 세계 어디에서나 실시간으로 음악, 영화, 책 등 콘텐츠에 접근할 수 있다. 둘째, AI 기반 추천 알고리즘은 사용자의 소비 패턴을 분석해 더 나은 사용자 경험을 제공하며 콘텐츠의 소비를 확대한다. 셋째, 글로벌 플랫폼의 제작 지원으로 창작자들은 창작 기회를 확대할 수 있었으며, 넷플릭스의 〈오징어 게임〉이 대표적 사례다. 넷째, 독립 창작자들과 소형 기획사들이 유튜브와 같은 플랫폼을 통해 직접 소비자와 연결되며 글로벌 팬덤을 형성할 수 있었는데, 방탄소년단이 대표적 사례다. 다섯째, 언어 번역 및 자막 생성과 같은 AI 기술은 글로벌 콘텐츠 유통을 지원하며, 다양한 언어권 사용자들의 접근성을 높이고 있다.

플랫폼의 승자 독식 구조

문화 플랫폼은 이러한 장점에도 불구하고 몇 가지 문제를 갖고 있다. 우선 플랫폼의 독점화 문제다. 주요 플랫폼 사업자들이 콘텐츠 제작, 유통, 소비를 장악하면서 소규모 제작자들은 플랫폼 정책에 종속될 수밖에 없다. 인공지능은 이러한 독점화를 더욱 강화하는 요인으로 작용한다. 대규모 플랫폼은 방대한 데이터를 활용해 정교한 알고리즘과 맞춤형 서비스를 개발하며, 이는 기술 격차를 확대하고 시장 진입 장벽을 높인다. AI 기반 네트워크 효과는 사용자 경험을 최적화하고 사용자 락인

(Lock-in)을 유도해 독점적 지위를 공고히 한다. 이러한 구조는 시장 경쟁을 약화하고, 콘텐츠 제작자와 소비자의 선택권을 제한하는 결과를 초래한다.

둘째, 창작자와의 불공정한 수익 배분 문제다. 넷플릭스는 제작비를 선지급하며 콘텐츠 유통권과 지식재산권(IP)을 독점적으로 소유함으로써 제작사의 장기적 수익 기회를 제한한다. 예를 들어 〈오징어 게임〉의 성공으로 넷플릭스는 막대한 부가 수익을 창출했지만, 제작사는 추가적인 이익을 배분받지 못했다. 웹툰의 경우, 과도한 작업량과 열악한 노동 환경, 불공정 계약 관행 등 창작자의 권리 보호 문제가 제기되었다. 셋째, 문화적 다양성 저해 문제도 발생하고 있다. 플랫폼의 상업화는 수익성이 낮은 콘텐츠를 배제하고, 소수 문화와 독립 콘텐츠의 설 자리를 줄이는 경향이 있다. 인공지능은 플랫폼의 수익을 극대화하는 방향으로 가격 전략 최적화와 콘텐츠 추천 편향성을 보일 우려가 있다. 넷째, 개인정보 보호 문제도 크다. 사용자 데이터의 과도한 수집과 상업적 활용은 신뢰를 저하할 수 있으며, 프라이버시 침해 논란을 야기할 가능성이 높다. 이러한 문제를 해결하기 위해 문화 플랫폼은 공정한 수익 분배 모델 도입이 필요하며, 정부는 공정한 경쟁 환경 조성과 개인정보 보호를 위한 규제와 정책 지원에 나설 필요가 있다.

국내 플랫폼의 경쟁력

국내 플랫폼은 글로벌 플랫폼에 비해 시장 점유율이 상대적으로 낮은 편이다. 유료 OTT와 음악 플랫폼에서는 넷플릭스와 스포티파이 같은 글로벌 플랫폼이 높은 점유율을 차지하고 있으며, 국내 플랫폼은 콘텐츠의 다양성에서 경쟁력이 부족하다. 게임 플랫폼에서도 모바일과 PC 게임뿐 아니라 클라우드 게임과 같은 최신 기술 분야에서도 글로벌 기업들이 주도하고 있다. 반면, 네이버 웹툰과 카카오페이지는 세계 시장에서 성과를 내고 있으며, 하이브의 위버스(Weverse)는 팬 커뮤니티 플랫폼으로 스트리밍, 전자 상거래, 소셜미디어 등을 통합한 독창적 플랫폼으로 자리 잡고 있다. 그러나 이러한 일부 성공에도 불구하고 국내 플랫폼이 세계 시장에서 차지하는 비중은 여전히 낮다.

글로벌 플랫폼과 국내 플랫폼의 경쟁력 차이는 규모와 자본력, 글로벌 네트워크, 기술력과 알고리즘, 콘텐츠 다양성에서 비롯된다. 글로벌 플랫폼은 대규모 자본과 기술력을 바탕으로 콘텐츠 제작과 유통에 투자하며, 글로벌 네트워크를 활용해 시장을 확장하고, 고도화된 기술과 알고리즘을 통해 사용자 경험을 최적화한다. 반면 국내 플랫폼은 주로 국내 시장에 한정되고, 자본력과 알고리즘 기술에서 열세를 보이며, 콘텐츠가 주로 한국 콘텐츠에 집중되어 다양성이 부족하다. 이러한 상황은 국내 문화 콘텐츠 산업에 부정적 영향을 미칠 수 있다. 글로벌 플랫폼의 투자는 국내 시장 잠식과 제작 생태계의 종속을 초래할 수 있으며, 국내 고유의 문화적 특성을 반영한 콘텐츠 제작 감소로 이어질 우려가 있다. 이를 극복하기 위해 정부 차원의 체계적 지원과 국내 플랫폼의 글로벌 경쟁력 강화를 위한 적극적인 투자가 필요하다.

유럽의 문화 플랫폼 정책과 시사점

유럽연합(EU)의 문화 플랫폼 정책은 공정 경쟁과 사회적 책임, 콘텐츠 다양성과 창작자 권리 보호, 디지털 주권과 지속 가능성 강화라는 세 축으로 구분할 수 있다. 공정 경쟁과 사회적 책임 분야에서는 「디지털시장법(Digital Markets Act, DMA)」과 「디지털서비스법(Digital Services Act, DSA)」을 통해 대형 플랫폼의 반경쟁적 행위를 규제하고, 소비자 보호와 불법 콘텐츠 유통 방지를 강화하며, 광고와 알고리즘의 투명성을 요구하고 있다. 또한 「일반데이터보호규칙(General Data Protection

Regulation, GDPR)」을 통해 데이터 프라이버시를 보호하고 플랫폼의 책임성을 높이고 있다. 콘텐츠 다양성과 창작자 권리 보호를 위해서는 「시청각미디어서비스지침(Audiovisual Media Services Directive)」을 통해 글로벌 플랫폼이 유럽산 콘텐츠를 일정 비율 이상 제공하고 현지 콘텐츠 제작에 투자하도록 의무화하고 있다. 「저작권지침(Copyright Directive)」은 플랫폼이 창작자의 지식재산권을 준수하고 공정한 보상을 지급하도록 규정해 창작자의 권리를 보호하고 있다. 디지털 주권과 지속 가능성 강화를 위해 클라우드 기술과 AI 개발을 지원하며, 지속 가능한 디지털 생태계를 위해 에너지 효율성 및 탄소 배출 규제를 도입하고 있다. 이러한 정책은 유럽 문화 플랫폼 생태계의 공정성과 책임성을 강화하고, 글로벌 디지털 시장에서 독립성과 경쟁력을 확보하려는 EU의 전략적 접근을 보여 준다.

현재 국회에서는 플랫폼 전반을 규율하는 「플랫폼 공정경쟁촉진법」이 추진되고 있으나 업계 반발로 입법에 난항을 겪고 있다. 한국은 EU의 사례를 참고해 문화 플랫폼 생태계의 공정성과 경쟁력을 강화하기 위한 법률과 정책을 도입할 필요가 있다. EU의 「디지털시장법」처럼 대형 플랫폼의 반경쟁적 행위를 규제하고, 「시청각미디어서비스지침」처럼 글로벌 및 국내 플랫폼이 일정 비율의 국내 콘텐츠를 제공하고 제작에 투자하도록 의무화해야 한다. 또한, EU의 「일반데이터보호규칙」을 참고해 데이터 활용과 보호 간 균형을 맞추고, 플랫폼의 알고리즘 작동 방식에 대한 투명성과 책임성을 강화하는 법적 장치를 마련해야 한다. 더불어 디지털 주권 강화를 위해 토종 플랫폼의 글로벌 경쟁력을 높일 수 있는 기술 개발 지원과 인프라 구축 정책이 필요하다. 정부는 이러한 다각적 접근을 통해 플랫폼의 공정성을 높이고 국내 콘텐츠 산업의 글로벌 경쟁력을 강화해 나가야 한다.

참고문헌

방송통신위원회(2022). 『OTT 서비스에 대한 편성 및 콘텐츠 정책 연구』.

정상조(2024), 『플랫폼 공화국: 우리 삶을 지배하는 알고리즘 이야기』, 사회평론아카데미.

한국콘텐츠진흥원(2024). 『2024년 OTT 이용 행태 조사』.

05
AI와 문화 향유

AI는 일반 시민의 예술 창작 역량을 크게 향상하고 있다. 누구나 AI 도구를 사용해 음악을 작곡하거나 그림을 그릴 수 있는 시대가 되었다. 이러한 기술은 예술 교육과 생활 예술에서 중요한 역할을 한다. 이 장에서는 AI가 문화 향유와 예술 교육에 미치는 영향을 분석하고, 실제 사례를 통해 그 효과를 탐구한다.

AI와 아이돌?

문화 향유

문화 향유는 개인이 다양한 문화예술 활동에 관람, 체험, 참여함으로써 문화적 경험을 누리는 행위를 의미한다. 문화 향유와 유사한 용어로 '문화 활동' 또는 '문화 참여'가 있으며, '문화 복지'는 주로 취약 계층의 문화 참여를 논의할 때 사용하는 정책 용어다. 『국민 문화 활동 조사』(2023)에 따르면 소득이 낮거나 고령인 경우, 읍·면 지역에 거주하는 경우 문화 참여율이 낮다. 또한 문화 향유는 관람 위주로 이루어지며 교육, 창작, 동호회 활동, 자원봉사 같은 적극적 참여 비율은 상대적으로 낮은 편이다.

문화 향유는 모든 국민이 문화 생활에 참여할 권리인 문화 기본권 보장의 핵심 요소다. 최근 인공지능은 문화 참여의 방식과 범위를 재편하며 새로운 변화를 이끌고 있다. 인공지능은 개인화된 문화 경험을 제공하고 창작을 민주화하며 접근성을 향상하는 데 기여하고 있지만, 동시에 문화적 편향 심화나 문화 다양성 약화, 프라이버시 침해 같은 우려도 제기되고 있다. AI 시대의 문화 참여를 촉진하기 위해 기술 발전의 혜택을 극대화하고 잠재적 문제를 최소화할 수 있는 정책적 준비가 필요하다.

향유의 개인화

인공지능 큐레이션은 개인화된 콘텐츠를 선별하고 추천하는 서비스로 넷플릭스, 아마존, 유튜브, 스포티파이 등 플랫폼들을 통해 이미 우리 일상에 깊이 들어와 있다. 현대의 추천 시스템은 '협업 필터링(collaborative filtering)'과 '내용 기반 필터링(content-based filtering)' 알고리즘을 조합해 구성된다. 넷플릭스에서 사용하는 알고리즘은 '모델 기반 협업 필터링'이다. 넷플릭스는 사용자와의 상호작용(시청 기록 및 콘텐츠 평가 결과), 유사한 취향을 가진 다른 회원의 행동, 콘텐츠 관련 정보(장르, 배우, 공개 연도 등), 사용자 피드백 등을 종합적으로 고려해 맞춤형 추천을 제공한다. 넷플릭스는 추천 시스템을 통해 전체 영화 시청의 약 75%를 유도하고 있는 것으로 나타나, AI 큐레이션의 효과성을 입증하고 있다(크리스토프 드뢰서, 2018).

문화 소비자의 입장에서 개인화는 선호하는 콘텐츠의 탐색 시간을 줄여 준다. 그러나 고도화된 추천 시스템에도 불구하고 여전히 만족스러운 콘텐츠를 발견하지 못해 검색을 반복하게 되는 콘텐츠 피로 증후군(Content Fatigue Syndrome)은 해소되지 않고 있다. 사용자가 원하는 영화나 드라마가 여러 플랫폼에 분산되어 있어 다

중 구독(Multiple Subscription), 구독 공유(Subscription Sharing), 구독 사이클링(Subscription Cycling, 원하는 콘텐츠를 보기 위해 플랫폼을 이동) 현상도 나타난다. 플랫폼들은 소비자를 고정하려고 하지만, 소비자들은 여러 플랫폼을 넘나들며 원하는 콘텐츠를 찾아 나서기 때문이다. 이러한 상황은 문화 향유 비용 증가를 초래한다. 소비자들은 구독료를 지불하거나 광고 시청을 통해 시간을 지불해야 하는 부담을 안게 된다.

개인화는 사회적으로 몇 가지 윤리적 문제를 낳고 있다. 첫째, 사용자가 선호하는 콘텐츠만 지속적으로 소비하게 만드는 '필터 버블(filter bubble)' 현상을 낳아 문화적 편향을 심화할 우려가 있다. 둘째, 추천 알고리즘이 유사한 취향을 가진 사람들의 선택을 반영함에 따라 소수의 인기 콘텐츠에 추천이 집중되고, 비인기 콘텐츠는 제외되는 비대칭적 쏠림 현상이 발생해 다양한 문화 생산에 부정적인 영향을 미칠 수 있다. 셋째, 개인화 서비스를 구현하기 위해 더 많은 개인정보가 수집되면서, 문화 소비와 관련해 프라이버시 침해에 대한 우려도 증대되고 있다.

창작의 민주화

독일의 현대미술가 요제프 보이스(Joseph Beuys)는 '모든 사람은 예술가다'라고 선언하며, 창의력이 예술가에게만 국한되지 않고 모든 사람에게 내재해 있다고 주장했다(장석원, 2020). 그러나 실제로 창작은 여전히 대중에게 어렵고 낯선 과정으로 여겨진다. 인공지능이 발전하며 누구나 원하는 이미지나 영상을 프롬프트를 통해 생성할 수 있는 시대가 열렸다. 이러한 기술적 진보는 창작의 민주화를 실현하며, 요제프 보이스가 제시한 모든 사람이 예술가가 되는 시대를 앞당기는 데 기여하고 있다.

2024년 2월, 경기아트센터 소극장에서 경기도 '인공지능(AI) 창작단'의 성과공유회가 열렸다. 발달장애인을 대상으로 인공지능 예술학교를 운영했는데, 교육과정은 16주 동안 인공지능 이론 교육, 인공지능 체험 교육, 인공지능 창작 교육, 전문 예술 교육 및 창작곡 발표의 4단계로 구성되었다. 참여자들은 이 과정에서 100여 곡의 음악 모티브를 창작했으며, 그중 3곡을 최종 선정해 무대에 올렸다. 이 사례는 인공지능이 문화예술 교육에서 창작의 민주화에 얼마나 크게 기여할 수 있는지 보여 주는 사례다(경기문화재단 누리집).

인공지능은 문화예술 교육과 아마추어 예술 창작에서 두 가지 주요 역할을 수행할 수 있다. 첫째, 교사는 AI를 활용해 학생 개개인의 특성을 고려한 맞춤형 문화예술 교육을 제공할 수 있다. AI는 수업의 기획, 진행, 평가 과정에서 학생의 특성을 반영한 교육을 지원함으로써 교육의 효과를 높인다. 둘째, AI는 학생이나 일반 시민의 문화예술 창작을 지원하는 도구로 활용될 수 있다. AI를 창작 보조 도구로 활용하면 교실에서 학생들의 창작 경험을 확대하고, 일반인의 아마추어 창작 활동을 촉진할 수 있다.

접근성 혁신

인공지능은 장애인의 문화 접근성을 확장하는 데 기여하고 있다. 멀티모달 AI는 음성, 텍스트, 이미지, 영상 데이터를 이해하고 상호 변환할 수 있다. 이를 통해 시각장애인에게는 이미지를 음성으로 설명해 주고, 청각 장애인에게는 소리를 자막이나 수어로 전환해 제공한다. 지체장애인의 경우 AI 기술을 활용한 자율주행 휠체어와 보행 보조 로봇의 개발로 이동의 편의성이 향상되고 있다. '보는 AI(Seeing AI)'는 마이크로소프트가 시각장애인을 위해 무료로 제공하는 앱이다. 말하는 카메라라고 불리는 이 앱은 핸드폰 카메라로 비춘 사람, 물건, 텍스트 등을 설명해 준다. 시각장애인은 이 기능을 사용해 혼자서도 택시를 타고 길을 찾아갈 수 있게 되었다.

인공지능은 언어 장벽을 허물어 글로벌 문화 접근성을 향상하는 데 기여하고 있다. 넷플릭스 〈오징어 게임〉이 전 세계적으로 인기를 끌 수 있었던 배경에는 다양한 언어로 된 자막과 더빙의 제공이 있다. 글로벌 OTT 플랫폼은 이러한 작업을 전문 기업에 맡기고 있는데, 이 분야의 시장 점유율 1위 기업은 한국 기업인 아이유노SDI미디어그룹이다. 이 회사는 전 세계에 약 2,500명의 직원과 2만 명의 프리랜서 성우 및 번역가를 관리하며, 연간 약 60만 편의 영상 번역 서비스를 제공한다. 이 과정에서 구어체가 많은 영상 콘텐츠에 특화된 엑스엘에이트(XL8)의 AI 솔루션을 초벌 번역에 활용해 효율성을 높이고 있다. 영상 콘텐츠 번역에서 AI 기술은 정확성과 신뢰성, 전문용어 해석, 뉘앙스 파악 등에서 아직 번역가를 대체하지 못하고 있으나 빠른 속도로 성장하고 있다(박수빈, 2024.5.26).

인공지능은 실감 기술과의 융합을 통해 원거리 관람객이나 이동이 어려운 이들의 문화 접근성을 향상하고 있다. 혼합 현실 경험을 제공하는 애플 비전 프로(Apple

Vision Pro)는 애플 실감 비디오(Apple Immersive Video), 3D 영화 등을 통해 실제 영화관보다 더 몰입감 있는 영상 경험을 제공한다. 이러한 기술이 미술관 가상 투어나 실시간 공연 관람과 연결된다면 공간의 제약을 넘어설 수 있다. AI와 실감 기술은 상호 보완적으로 작용해, XR 기기를 통해 수집된 사용자와 환경 데이터를 분석하여 개인화된 경험을 제공하고 자연스러운 인터페이스를 구현한다. 또한 멀티모달 AI는 다국어 서비스, 장애인을 위한 오디오 설명 등을 실시간으로 지원해 문화 향유의 폭을 넓히고 있다.

참고문헌

경기문화재단. "도내 발달장애인 참여 경기도 AI 음악 창작단 성과공유회 성료 - 경기도, '경기지피티(GPT) 추진계획(로드맵)' 두 번째 시범사업". (2024.12.30. 검색) https://ggc.ggcf.kr/p/65e945f18009eeb2ac40b41a

박수빈(2024.5.26). "정영훈 XL8 대표, AI 통·번역 솔루션, 미디어 시장 필수 될 것", ≪AI 타임즈≫.

송진호(2024). "인공지능과 예술교육의 교차점, 미래지향적 학교 예술교육 제도 탐색: OECD 교육 2030의 주체성을 중심으로", ≪예술교육연구≫, 22권 2호, 79-98.

장석원(2020.1.16). "모든 사람이 예술가이다". ≪전북일보≫. https://www.jjan.kr/article/20200106701906

최연진(2021.6.3). "넷플릭스도 우리 없으면 안돼 - 세계 1위

스타트업 아이유노”, ≪한국일보≫.
크리스토프 드뢰서(2018), 전대호 역. 『알고리즘이 당신에게 이것을 추천합니다』, 해나무.

06
AI와 문화 노동

AI는 예술계 일자리에 큰 변화를 불러오고 있다. 일부 전통적인 일자리가 위협받고 있지만, AI 예술 큐레이터, 크리에이티브 테크놀로지스트 등 새로운 일자리가 생겨나고 있다. 이러한 변화는 AI와 인간이 협력하는 새로운 예술 생태계를 창출하고 있다. 이 장에서는 AI로 인해 위협받는 기존 일자리와 새롭게 창출되는 일자리의 사례를 통해, 인공지능 시대의 예술계 일자리 변화에 대한 통찰을 제공한다.

AI와 야구?

예술인과 문화 노동

예술인이란 예술 활동을 업으로 하여 국가를 문화적, 사회적, 경제적, 정치적으로 풍요롭게 만드는 데 공헌하는 사람으로서 문화예술 분야에서 창작, 실연, 기술 지원 등의 활동을 하는 사람을 말한다(예술인복지법). 문화 노동(cultural labour)은 예술인이 하는 예술 활동을 말하며 창작, 실연, 기술 지원 등의 유형으로 구분된다. 기술 지원은 음향, 조명, 촬영 등 기술 지원 외에 전시 기획, 공연 기획 등 예술 기획, 문화 마케팅, 재원 조성 등 예술 경영을 포괄한다. 해외에서는 문화 노동을 창의 노동(creative labour), 문화 작업(cultural work), 창의 작업(creative work) 등으로 부르기도 한다. AI는 예술인의 문화 노동에 어떤 영향을 미치고 있으며 우리는 어떻게 대응해야 할 것인가. 이를 고찰하기 위해 우선 문화 노동이 일반 노동과 다른 구조적 특성을 살펴보고 이러한 문화 노동의 지형에 AI가 어떤 변화를 가져오고 있는지 살펴본다. 마지막으로 인공지능 시대 문화 노동 정책의 방향을 제시하고자 한다.

문화 노동의 세 가지 특성: 비생산성, 창의성, 불안정성

예술인복지재단에 따르면, 예술 활동 증명을 한 예술인은 2024년 12월 31일 기준 약 19만 1천 명이며, 신진 예술인은 약 2만 3천 명이다. 2021년 『예술인 실태조사』에 따르면 예술인의 75.5%가 자유 계약자, 즉 프리랜서다. 이에 따라 소득이 불규칙하고 낮은 문제가 발생한다. 2020년 기준 예술인의 예술 활동 수입은 평균 695만 원이다. 예술 활동 수입이 1,200만 원 미만인 예술인은 86.6%로, 예술 활동만으로는 생계를 유지할 수 없다. 예술인은 사회보험의 사각지대도 크다. 사회보험 가입률은 건강보험이 94.0%지만, 공적연금 58.9%, 산재보험 28.5%, 고용보험 27.6%다(문화체육관광부, 2022). 예술인의 약 3분의 2가 산재와 실업으로부터 보호받지 못하고 있다.

예술인의 문화 노동은 왜 이러한 상태가 지속되는가. 문화 노동을 보는 관점은 시대적 변화에 따라 세 가지로 나타났다. 첫째, 문화 노동은 비생산적 노동이다. 1960년대 윌리엄 보멀(William Baumol)과 윌리엄 보웬(William Bowen)의 '비용 질병 이론'에 따르면, 공연 예술과 같은 문화 노동은 기계로 대체되기 어려워 생산성 향상이 제한적이어서 공연 단체들이 재정적 어려움을 겪는 것이 불가피하다고 설명했다. 이에 따라 미국 연방 예술기금(National Endowment for the Arts, NEA)이 설치되는 등 국가 보조금 지급의 근거가 마련되었다. 둘째, 문화 노동은 창의적 노동이다. 1990년대 후반과 2000년대에 창조 산업(Creative Industry) 개념이 부상하면서 문화 노동은 창의성, 기술, 재능 등을 중요한 자본으로 여기는 창의 노동으로 간주되었다. 정부는 창의성 교육과 클러스터 형성을 통해 문화 노동자를 육성하는 정책을 폈다. 하지만 문화 노동자의 불안정한 노동 조건과 낮은 임금 문제는 해결하지 못했다. 셋째, 문화 노동은 불안정한 노동이다. 2000년대 이후 신자유주의 경제 체제에서 문화 노동은 불안정한 고용 상태, 낮은 소득, 사회보장의 부재, 일과 삶의 균형 부족 현상 등이 심화했다. 특히 자영업자와 프리랜서들이 가장 취약한 범주로 부각되었으며, 문화 노동자들은 공정한 노동 조건, 프리랜서 보수 기준 마련, 최저 소득 보장 등 개선을 요구하게 되었다(Lee, 2024).

문화 노동에서 이러한 경제적 불안정성은 주로 창작 과정의 특성 때문에 야기된다. 첫째, 창의적 생산 과정의 불확실성과 모호성이다. 창의적 아이디어가 언제 떠

오를지 예측할 수 없으며, 결과물로 현실화하기까지의 시간이 불확실하기 때문에 노동에 대한 보상이 유예되는 상황이 발생한다. 둘째, 장기간의 숙련 과정과 불공정한 보상 체계다. 예술인은 전문성을 쌓기 위해 긴 숙련 과정을 거치지만, 과잉 공급으로 인해 저임금이나 무급 노동에 시달리며 적절한 보상을 받기 어렵다. 셋째, 프로젝트 기반 커리어와 사회 안전망에서의 소외다. 예술인은 프로젝트 단위로 일하기 때문에 고용의 안정성이 낮고, 의료비나 사회 보장 혜택에서도 소외될 가능성이 크다. 이 세 가지 요인은 예술인이 경제적 불안정에 지속적으로 노출되게 만드는 구조적 문제로 작용하고 있다 (최보연 · 안채린, 2017).

AI로 인한 문화 노동의 변화: 메타 창의성과 새로운 창조적 불안정성

AI 기술이 문화 및 창조 산업에 도입되면서 문화 노동의 성격에도 상당한 변화가 발생하고 있다. 우선 문화 노동의 생산성이 높아지고 있다. 창의적인 아이디어 탐색을 용이하게 하고 반복적이고 시간이 많이 소요되는 작업을 자동화하고 있다. 고품질 시각, 음향, 영상 효과를 빠르고 저렴하게 생성함으로써 제작 과정의 효율성을 향상하고 있다. 예술 기획 및 경영에서 데이터 기반 의사결정을 지원하고 개인화된 관객 경험을 제공하고 있다.

문화 노동의 창의적 역할이 달라지고 있다. 예술인에게는 창조성만큼이나 인공지능과 협업한 결과물을 평가하고 결합하는 메타 창조성(Meta Creative) 또는 공동 창의성(Co-Creativity)이 중요해지기 시작했다(Lee, 2024; 박연숙, 2023). 이 과정에서 AI 모델 훈련, AI 생성 콘텐츠 감수, AI-인간 협업 관리, 빅데이터 분석 등을 담당하는 새로운 직종이 등장하고 있다.

하지만 문화 노동의 새로운 창조적 불안정성이 함께 증가하고 있다. 첫째, 창작 과정의 자동화로 노동 시장이 재편되고 있다. 단순 반복 작업을 담당하던 직무군은 인공지능으로 대체되고 있으며, 인공지능 활용 역량에 따라 일자리의 양극화가 나타나고 있다. 둘째, 예술인의 저작권이 위협받고 있다. 인공지능 학습에 사용된 저작물에 대한 공정한 보상이 이루어지지 않고 있어, 경제적 피해가 늘어나고 소송이 증가하고 있다. 셋째, 생성형 인공지능이 배우의 목소리와 외모 등을 학습해 창작자의 정체성을 문화 노동으로부터 분리할 수 있게 되었다. 배우와 성우들은 이에 따라 직접 출연하지 않더라도 새로운 수익원을 갖게 되었지만, 분리된 정체성을 기업이

갖거나 도용될 위험도 커지고 있다. 챗GPT-4o의 목소리가 영화 〈그녀(Her)〉에 나온 스칼렛 조핸슨의 목소리와 비슷해서 문제가 된 사건을 일례로 들 수 있다. 넷째, 아직 관객은 사람이 만든 콘텐츠를 AI가 만든 콘텐츠보다 더 친근하게 여기는 경향이 있다. 그러나 AI 산출물임을 밝히지 않거나 AI가 창작 과정에 더 많이 활용될 경우, 관객의 선호도가 바뀔 수 있으며, 인간 창작자가 피해를 볼 수 있다(Lee, 2024).

인공지능 시대 문화 노동 정책 방향

문화 노동의 변화에 대응하는 정책은 크게 세 방향에서 논의될 필요가 있다. 우선 저작권 제도의 정비가 시급하다. 노벨문학상 수상자 가즈오 이시구로 등 1만여 명의 예술인들은 "생성형 인공지능 학습을 위해 창작물을 무단으로 사용하는 것은 해당 작품을 만든 사람의 생계에 대한 중대하고 부당한 위협이며 결코 허용돼서는 안 된다"는 성명에 서명했다(이지윤, 2024.10.23). 제도적 해결 방안으로 저작물의 인공지능 학습을 거부할 수 있는 옵트 아웃 제도(Opt-Out)가 논의되고 있으며 유럽에서는 이를 제도화하기도 했다. 하지만 옵트 아웃 제도가 거부 책임을 창작자 개인에게 부담하고 있어 공정한 제도로 보기 어렵다는 비판도 제기되고 있다.

둘째, 예술인 교육 및 재교육 프로그램의 강화다. 단순 반복 직업군에 속해 있는 기존 인력에 대해 리스킬링(Re-Skilling), 업스킬링(Up-Skilling) 등 재교육 확대가 필요하다. 예술대학에서는 전문 인력 양성의 목표를 창의성에서 메타 창의성까지 포괄하는 방향으로 전환하고 인공지능 기술 활용 역량을 제고하는 교과 과정 개편을 준비할 필요가 있다.

셋째, 문화 노동 시장 재편에 대응하기 위한 복지정책이 필요하다. 예술인 기본소득 제도가 그 일환으로 논의되고 있다. 기본소득은 "자산 조사나 근로 요건 없이 개인 단위로 모두에게 무조건적으로 지급하는 정기적인 현금 급여"를 말한다(기본소득지구 네트워크 누리집). 기본소득은 AI로 인한 노동 시장 변화로 발생할 수 있는 대량 실업과 소득 양극화의 대안으로, 딥러닝 기술의 창시자 제프리 힌턴(Geoffrey Hinton), 오픈 AI 대표 샘 올트먼(Sam Altman) 등도 필요성에 동의하고 있다. 예술인 기본소득은 일종의 직업 범주형 기본소득이다(김건호 외, 2021). 국내에서는 경기도가 2023년부터 〈예술인 기회 소득〉을 시범 사업으로 실시하고 있다. 아직은 인공지능과 관련이 없으며 일정한 활동 조건이 필요하다는 점에서 기본소득 제도의 전 단계 정도로 평가되고 있다. 향후 인공지능으로 문화 노동의 불안정성이 확대될 경우 이러한 시범 사업 경험은 기본소득제 도입을 위한 밑거름이 될 수 있다.

참고문헌

기본소득지구 네트워크(Basic Income Earth Network). https://basicincome.org/

김건호 외(2021). 『경기도 예술인 기본소득 도입 방안 연구』, 경기연구원.

문화체육관광부(2022). 『2021 예술인 실태조사』.

박연숙(2023). "인간과 인공지능의 상호작용에서 촉발되는 공동 창의성 연구", ≪한국영상학회논문집≫, vol.21 no.3. 45-64.

이지윤(2024.10.23). ""AI의 창작물 무단사용 반대" 노벨상 수상자도 참여한 29단어 성명", ≪동아일보≫. https://www.donga.com/news/Inter/article/all/20241023/130275634/1

최보연 · 안채린(2017), "창의노동 관점에서 바라본 '예술인 복지법'에 대한 비판적 고찰", ≪예술경영연구≫, 42. 65-102.

한국예술인복지재단. "예술활동증명 현황". (2024.10.10. 검색). https://www.kawfartist.kr/kawf_dash/dash/html/p01.html

Lee, H. K.(2024), Reflecting on cultural labour in the time of AI, *Media, Culture & Society*. Volume 46, Issue 6, September 2024, Pages 1312-1323. https://journals.sagepub.com/doi/epub/10.1177/01634437241254320

07

AI와 저작권

AI가 산출한 콘텐츠의 저작권 문제는 현재 뜨거운 논쟁거리다. AI 산출물의 저작권을 누구에게 부여할 것인지, 저작권 침해 문제를 어떻게 해결할 것인지, 데이터 학습에 활용된 예술 작품의 저작권을 어떻게 보상할 것인지 등이 주요 이슈다. 이 장에서는 AI와 저작권 문제를 다루며, 법적 규제와 보호 방안을 논의한다.

AI와 윤동주?

저작권, 왜 중요한가

저작권이란 저작자가 인간의 생각이나 감정이 표현된 창작물인 저작물에 대하여 가지는 권리를 말한다. 저작권은 저작인격권과 저작재산권으로 구분된다. 저작인격권은 공표권, 성명표시권, 동일성유지권으로 구성되며, 저작재산권은 복제권, 공연권, 공중송신권, 전시권, 배포권, 대여권, 2차 저작물 작성권으로 구성된다(저작권법). 저작자는 이러한 권리들에 근거해 저작권료를 받는다. 저작권은 예술인이 창작 활동에 대해 경제적 보상을 받을 수 있는 핵심 제도다.

생성형 AI의 등장으로 예술인의 저작권이 위협받고 있다. 프랑스 음악저작권협회(Societe des Auteurs, Compositeurs et Editeurs de Musique, SACEM)와 독일 음악저작권협회(Gesellschaft fur musikalische Auffuhrungs- und mechanische Vervielfaltigungsrechte, GEMA)의 공동 연구에 따르면, 생성형 AI 음악 시장은 2028년까지 10배 이상 성장할 것이며, 이로 인해 음악 창작자 수입의 27%가 위협을 받을 것으로 예상했다. 프랑스와 독일 시장만 따져도 약 27억 유로(약 3.8조 원)에 달하는 규모다. 음악 창작자의 약 71%는 AI가 수익을 감소시키고 미래를 위협할 것이라 생각하고 있었다(SACEM ·

GEMA, 2024). 이러한 위기감은 음악뿐 아니라 방송, 영화, 연극, 웹툰, 문학 등 예술계 전반으로 확산하고 있다.

AI와 저작권의 쟁점은 크게 세 가지다. 첫째, AI의 개발 · 학습 단계에서 발생하는 저작권 침해다. 둘째, AI의 생성 · 이용 단계에서 발생하는 저작권 침해다. 셋째, AI 산출물의 저작물성 인정 여부다.

AI 개발 · 학습 단계: TDM 면책 유보와 보상

AI 개발사는 학습 데이터를 수집 복제해서 학습용 데이터 세트를 구축하고 이를 AI에 학습시켜 파운데이션 모델을 개발한다. AI 개발 과정에서 저작권과 관련된 쟁점은 크게 세 가지다. 첫째, AI 학습 데이터의 투명한 공개, 둘째, 텍스트 데이터 마이닝 면책 유보 제도 도입, 셋째, 저작물 이용에 대한 공정한 보상이다.

첫째, AI 학습 데이터의 투명한 공개다. AI 사업자는 인터넷 크롤링을 통해 학습 데이터를 수집하는데, 이 과정에서 저작물이 포함될 수 있다. 그런데 AI 사업자가 공개하지 않는 한, 저작자가 자신의 저작물이 학습 데이터로 사용되었는지 확인하기 어렵다. 예술인은 AI 개발사가 학습 데이터의 출처와 이용한 저작물의 명세가 무엇인지 투명하게 공개할 것을 요구하고 있다. 2024년 EU

「인공지능법(Artificial Intelligence Act)」에서는 AI 모델 학습을 위해 이용한 저작물 데이터에 대해 충분히 상세한 요약을 작성하고 공개적으로 제공하도록 했다.

둘째, 텍스트 데이터 마이닝(Text and Data Mining, TDM) 면책 유보, 일명 옵트 아웃(Opt Out) 제도의 도입이다. AI 개발사들은 텍스트 데이터 마이닝이 공정 이용에 해당한다고 주장하며 저작권자의 허락 없이 학습 데이터를 사용하고 싶어 한다. 하지만 저작권자는 자기 저작물의 학습 데이터 이용 여부를 직접 결정하고 싶어 하며, 이를 위해 TDM 면책 유보 도입을 주장한다. 이는 저작권자가 자신의 저작물이 학습 데이터로 이용되는 것을 원하지 않을 경우 이를 제한할 수 있도록 하는 제도다. 유럽연합은 2019년 「EU 디지털 단일 시장 저작권 지침(EU Directive on Copyright in the Digital Single Market)」에 옵트 아웃 제도를 도입했으며, 2024년 제정된 EU AI 법에서도 이를 재확인했다. 반면 일본은 저작권법에서 텍스트 데이터 마이닝이 비향유적 목적이므로 저작권자의 허락을 받지 않아도 된다고 규정했으며 옵트 아웃 규정은 별도로 두지 않고 있다.

셋째, 저작물의 학습 데이터 사용에 대한 공정한 보상이다. 오픈AI, 구글, 네이버 등 AI 사업자는 학습 데이터 확보를 위해 저작권 매체를 보유한 미디어 그룹이나 대규모 콘텐츠를 보유한 서비스 사업자 등과 협상을 통해 보상을 제공하고 있다. 그러나 저작권에 대한 인식 없이 무단으로 저작물을 이용하는 경우도 많다. 2024년 6월 세계 3대 음반사인 유니버설뮤직, 소니뮤직, 워너뮤직은 수노(Suno)와 유디오(Udio)를 상대로 저작권 침해 소송을 제기하고 한 곡당 최대 2억 원에 이르는 손해배상을 청구했다. 이 소송들은 아직 진행 중인데, 소송 결과는 향후 AI의 저작물 학습 데이터 사용에 대한 보상 기준을 제시할 것으로 예상된다.

AI 생성 · 이용 단계: 저작권 침해

AI 생성 · 이용 단계에는 사용자가 AI를 이용해서 텍스트, 이미지, 오디오, 비디오 등을 생성하고, 생성한 산출물을 공표하거나 이를 복제해 판매하게 된다. 이 과정에서 세 가지 쟁점이 발생한다. 첫째, AI 산출물의 저작권 침해, 둘째, AI 산출물의 표시 의무화, 셋째, 예술 작품에 AI 기여도 표시다.

첫째, AI 산출물의 저작권 침해다. AI에 프롬프트를 입력해 만든 산출물이 학습용 데이터에 포함된 원저작물과 동일하거나 유사하다면 저작권을 침해할 수 있다.

저작권 침해를 판단하는 근거는 의거성과 실질적 유사성이다. 의거성은 기존 저작물과 유사한 산출물이 나올 수 있도록 AI에 특정 작가나 이미지를 집중적으로 학습시키는 미세 조정(Fine-tuning) 과정을 거쳤는지에 따라 판단된다. 2023년 2월 게티이미지(Getty Images)는 스태빌리티 AI(Stability AI)를 상대로 저작권 및 상표권 침해 소송을 제기하고 1.8조 달러(약 2,269조 원)의 손해배상을 청구했다(국기헌, 2024.10.24). AI 산출물이 저작권 허락을 한 적이 없는 자사 보유 이미지와 너무 유사하다는 이유였다.

둘째, AI 산출물의 표시 의무화다. 이는 딥페이크에 해당하는 이미지, 오디오, 비디오 콘텐츠의 부작용을 막는 데 필요한 제도다. 정치인이나 유명 인사들의 얼굴과 목소리를 조작한 딥페이크 비디오가 발단을 제공했다. 저작권과 관련해서는 AI 커버 곡이 문제였다. 2024년 아이유가 부른 〈밤양갱〉이 AI 커버 곡이라는 사실이 밝혀져 논란이 되었다. AI 커버 곡은 작사, 작곡, 편곡을 한 창작자의 저작권을 침해하고 가수의 음성을 무단 사용해 퍼블리시티권을 침해할 수 있다. AI 커버 곡이 급속히 증가함에 따라 유튜브는 이를 규제하기 위해 AI 산출물 표시를 의무화하고 저작권 소유 기업이 AI 커버 곡 삭제를 요청할 수 있는 장치를 마련할 예정이라고 밝혔다. EU는 2024년 AI 법에 딥페이크에 해당하는 이미지, 오디오, 비디오 콘텐츠와 공익 관련 내용을 공중에게 알릴 목적으로 게시되는 텍스트의 경우 AI 시스템 사용자가 이들이 AI 산출물임을 공개하도록 했다. 미국 정부는 2023년 애플, 마이크로소프트, 구글 등 주요 기업과 AI 생성 콘텐츠에 워터마크를 표시하도록 하는 행정명령을 발표했다.

셋째, 예술 작품에 AI 기여도 표시다. 예술 창작 과정에서 AI 활용이 증가하면서 예술 작품에 대한 AI 이용 사실과 기여도를 표시해야 한다는 논의가 이루어지고 있다. 2023년 미국작가조합(Writers Guild of America, WGA)은 연극 및 TV 기본 계약에 대한 합의 각서에 생성형 인공지능에 관한 조항을 포함했다. 이에 따르면 AI는 인간 작가의 보조 도구로서, AI가 생성한 문서는 최종적으로 인간 작가의 검토와 수정 과정을 거쳐야 하며, 인간 작가가 창작에 기여한 부분은 기존 저작권법에 따라 보호되며, 크레딧도 인간 작가에게 부여된다고 되어 있다. 아직 초기 단계이기 때문에 이러한 방식이 그대로 유지될지 예측하기 어렵지만, 앞으로 예술 작품 창작에서 AI 기여도의 표시가 어떻게 변화할지 지켜볼 필요가 있다.

AI 산출물의 저작물성

AI 산출물의 저작물성에 대한 쟁점은 AI 산출물을 저작권법에서 정한 저작물로 인정할 수 있는지, 그리고 이에 근거해 AI 산출물의 저작권을 보호하기 위해 저작권청 등 관리 기구에 등록할 수 있는지다.

AI가 생성한 산출물은 저작물이라고 볼 수 있는가. 저작권법에서 저작물은 '인간'의 사상 또는 감정을 표현한 창작물로 규정하고 있다. 인간 저작자라는 요건이 전제되어야 하므로, AI 산출물, 특히 인간의 개입 없이 전적으로 AI가 만든 산출물은 저작물로 보지 않고 있다.

미국은 인간의 개입 없이 AI가 만든 콘텐츠는 저작물로 인정하지 않는다. 2022년 스티븐 탈러(Stephen Thaler)가 AI로 생성한 그림 〈파라다이스로의 최근 입구(A Recent Entrance to Paradise)〉에 대해 미국 저작권청은 저작권 등록을 거절했다. 한국음악저작권협회도 2022년 AI 작곡가 이봄(EvoM)이 작곡한 6곡의 저작권료 지급을 중단했는데, 같은 이유에서다.

하지만 인간이 AI를 활용해 산출물을 생성할 때 어느 부분에 얼마나 개입했느냐에 따라 다르게 판단하기도 한다. 크리스티나 카슈타노바(Christina Kashtanova)가 미드저니로 만든 만화책 〈새벽의 자리야(Zarya fo the

Dawn)〉에 대해 미국 저작권청은 작품에서 AI가 생성한 이미지의 저작권은 인정하지 않았지만 인간 창작자가 기여한 부분인 텍스트(문학 저작물)와 AI 생성 이미지의 선택, 배열, 조정(편집 저작물)에 대해서는 저작권을 인정했다.

우리나라 역시 미국과 유사한 등록 기준을 갖고 있다. 한국저작권위원회의 『2023 저작권 등록 심사 편람』에 따르면, AI 산출물은 저작권 등록 대상에서 제외되며 AI 산출물에 인간이 수정하거나 증감한 부분에 대해서만 저작권 등록을 인정한다. 한국저작권위원회는 나라AI필름이 2023년 제작한 AI 영화 〈AI 수로부인〉에 대해 인간이 개입한 부분에 대해서만 저작권을 인정해 편집 저작물로 등록한 사례가 있다.

반면 중국에서는 AI가 만든 이미지에 대한 저작권을 인정한 사례가 있다. 2023년 11월 베이징 인터넷 법원은 리 윈카이(Li Yunkai)가 스테이블디퓨전으로 만들어 SNS에 올린 이미지를 다른 블로거가 무단 사용한 것에 대해 저작권 침해를 인정하는 판결을 했다. 이미지를 생성하는 과정에서 인간의 창작적 기여와 노력이 투입되었다는 이유였다. 일본도 중국과 비슷한 가이드라인을 발표했다. 2024년 3월 발표한 『AI와 저작권에 관한 기본

적 견해(AIと著作権に関する考え方について)』에 따르면, 인간이 AI를 창작 도구로 사용한 경우 프롬프트의 양, 생성 시행 횟수, 다수의 산출물에서 선택 등 창작적 기여에 따라 저작물로 인정될 수 있다. AI 산출물의 저작물성에 대해 미국과 한국에 비해 중국과 일본이 더 유연한 입장을 갖고 있다. 이는 자국의 AI 산업 발전을 지원하려는 의도로 해석된다.

각국의 정책적 노력과 별도로 민간에서도 'AI 공정 학습 인증 프로그램'을 통해 이를 해결하려는 움직임이 시도되고 있다. 〈페어리트레인드(Fairly Trained)〉는 AI 모델 학습에 사용되는 데이터의 저작권 준수 여부를 평가하고 인증하는 비영리 단체다. 인증을 받기 위해 AI 기업은 데이터 사용에 대한 명확한 동의, 데이터 출처의 투명한 공개, 지속적인 데이터 관리 등의 조건을 충족해야 한다. 2024년 미국 스타트업 273벤처스가 개발한 법률 LLM 〈클렘(KL3M)〉이 최초로 공정 학습 인증을 받았다. 이러한 인증 프로그램은 인공지능 시대의 저작권 보호를 위한 새로운 패러다임을 제시하며, AI 기술의 윤리적 사용과 저작권 보호 사이의 균형점을 모색하는 중요한 시도로 평가된다(한국저작권위원회, 2024.5).

한국의 AI 관련 저작권 과제

우리나라는 인공지능 산업의 발전과 저작권 보호 간 균형점을 찾기 위해 제도 도입의 방향을 다각도로 검토하는 단계다. 문화체육관광부는 2023년부터 〈AI-저작권 제도 개선 워킹 그룹〉을 운영하고 있으며, 2023년 『생성형 AI 저작권 안내서』를 발간했다. 2024년에는 〈서울저작권포럼〉을 개최하고 미국, 유럽, 일본의 전문가를 초청해 인공지능 관련 저작권 최신 동향을 확인했으며, 2기 워킹 그룹이 구성되어 매월 저작권 쟁점을 검토하고 있다.

각국은 인공지능 산업 육성과 저작권 보호 간 균형점을 어디에 두는지에 따라 법률 제정 방향과 속도가 다르게 나타나고 있다. 유럽은 가장 적극적으로 저작권 보호를 제도화하고 있다. 중국과 일본은 자국 AI 산업 발전을 고려하여 보다 유연한 관점을 갖고 있다. 하지만 대부분의 나라가 법원 판결, 정책 연구, 국제 협력 등을 통해 신중한 접근을 하고 있다.

앞으로 정부는 AI 저작권과 관련해 이해관계자 의견수렴과 국제 협력에 기반해서 법과 제도를 정비할 필요가 있다. AI 학습 데이터의 공개 의무화, AI 학습 데이터 면책 기준 확립 및 면책 유보 제도 도입, AI 산출물 표시 의무화가 필요하다. 또한 저작권 침해에 대한 기술적 대응을 위해 AI 산출물 식별 및 추적 기술 개발 지원, AI 저작권 침해 모니터링 및 대응 시스템 구축 등을 해 나가야 할 것이다.

참고문헌

국기헌(2024.10.24). "오픈AI, 저작권 위반했다"… 전직 AI 연구원 폭로, ≪연합뉴스≫, https://www.yna.co.kr/view/AKR20241024075600009

문화체육관광부·한국저작권위원회(2023). 『생성형 AI 저작권 안내서』. 한국저작권위원회.

문화체육관광부·한국저작권위원회(2024.6.4). 『2024 서울 저작권 포럼 : 생성형 AI와 저작권, 새로운 균형점을 찾아서』. 한국저작권위원회.

일본 문화청 문화심의회저작권분과회법제도소위원회(2024.3.15). 『AI와 저작권에 대한 기본적 견해』. https://www.bunka.go.jp/seisaku/bunkashingikai/chosakuken/pdf/94037901_01.pdf

조희경(2023). "Getty v Stability AI 저작권 침해 소송 사건". ≪저작권 동향≫, 제12호.

한국저작권위원회(2024.5.)." 저작권 침해 없는 데이터세트로만 학습한 대형언어모델(LLM)등장". ≪저작권 이슈트렌드≫ 제27호(2024.5-2).

SACEM·GEMA(2024). AI and Music. https://www.gema.de/documents/d/guest/gema-sacem-goldmedia-ai-and-music-pdf

08
AI와 윤리

AI의 문화 예술 분야 활용은 많은 가능성을 열어주지만, 윤리적 문제 해결 없이는 그 효과가 반감될 수 있다. 문화 다양성, 편향성, 딥페이크, 프라이버시 침해 등과 같은 윤리적 이슈를 해결하기 위해서는 법적, 기술적, 사회적 대응이 필요하다. 이 장에서는 이러한 윤리적 문제를 살펴보고, 문화 정책 수립 시 고려해야 할 방향을 제시한다.

AI와 한의학?

알고리즘 편향

인공지능은 방대한 데이터를 학습했기 때문에 모든 것을 알고 있고 모든 것을 잘할 수 있을 거 같다. 하지만 인공지능이 우리가 기대하는 것처럼 공정하고, 정직하고, 안전한 것일까. 이 장에서는 문화 분야와 관련한 인공지능의 윤리적 쟁점인 알고리즘 편향, 딥페이크, AI 창작 투명성 등에 대해 살펴보고자 한다.

알고리즘 편향(algorithmic bias)이란 컴퓨터 시스템에서 발생하는 체계적이고 반복적인 오류로, 알고리즘이 원래 의도한 기능과 다르게 특정 범주나 그룹에 불공정한 결과를 만들어 내는 현상을 말한다. 알고리즘 편향은 성, 인종, 장애, 종교, 학력, 계층, 문화 등에 따른 사회적 차별을 강화해 인권 침해, 민주주의 위협, 사회경제적 불평등 강화, 문화 다양성 침해 등 부작용을 초래할 수 있다.

문화 분야에서 알고리즘 편향은 다양한 양상을 보인다. 첫째, 인공지능 창작 도구의 편향이다. 달리, 미드저니 등 AI 창작 도구들은 서구 중심의 이미지를 주로 학습해 다양한 문화권을 제대로 반영하지 못한다. 예를 들어 고소득 전문직은 주로 백인 남성 이미지로 생성해 인종적, 성적 편견을 보여 주었다(이서희, 2023.6.12). 둘째,

콘텐츠 추천 알고리즘의 편향이다. 음악 스트리밍 서비스나 동영상 플랫폼의 추천 알고리즘이 특정 성별, 인종, 연령, 문화권의 콘텐츠를 먼저 노출해 다양한 문화적 표현을 제한한다. 문화 분야에서 알고리즘 편향은 사회적 차별과 편견을 강화할 뿐 아니라 문화 다양성 침해, 문화 산업 내 구조적 불평등 강화, 문화 향유권 침해 등의 문제를 낳고 있다.

알고리즘 편향의 원인은 데이터, 시스템, 사용자로 귀결된다. 첫째, 데이터 편향으로, 훈련 데이터가 특정 집단에 치우치거나 대표성이 부족할 때 나타난다. 둘째, 인공지능 모델 설계상의 편향으로, 개발자의 무의식적 편견이 반영된 경우다. 셋째, 사용자의 피드백으로 인한 편향(Feedback loop bias)으로, 실제 사용자와의 상호작용을 통해 AI 모델이 기존의 편향을 강화하거나 새로운 편향을 학습할 수 있다. 개인화된 콘텐츠를 추천하는 소셜 미디어 알고리즘은 사용자의 기존 관점을 더욱 강화하는 '필터 버블(Filter Bubble)' 현상을 만들어 낸다.

딥페이크

딥페이크(Deepfake)는 딥러닝(Deep Learning)과 가짜(Fake)의 합성어로, 인공지능 기술을 활용해 실제와 구분하기 어려운 가짜 영상이나 음성을 생성하는 기술을 의미한다(한국방송통신전파진흥원, 2019.12). 주로 생성적 적대 신경망(Generative Adversarial Network, GAN)을 사용해 기존 사진이나 영상을 학습하고, 이를 바탕으로 새로운 이미지를 생성한다. 이러한 기술은 영화나 방송 분야에서 특수 효과를 위해 사용되기도 하지만, 허위 정보나 가짜 뉴스, 명예 훼손 등 부정적인 목적으로도 악용될 수 있어 윤리적 논의가 필요하다.

딥페이크 기술로 인한 문제로 콘텐츠의 진위성에 대한 신뢰 저하를 들 수 있다. 2024 파리 올림픽을 앞두고 톰 크루즈의 올림픽 비방 딥페이크 영상 〈올림픽이 무너졌다(Olympics Has Fallen)〉가 올라왔다. 이 영상은 넷플릭스 다큐멘터리 형식을 모방한 가짜 다큐멘터리로 러시아 제재에 불만을 품은 정치 집단의 조작으로 밝혀졌다. 이 사례는 사용자가 콘텐츠의 진위를 구분하는 것이 앞으로 더 어려질 수 있다는 것을 보여 준다. 둘째, 딥페이크 기술은 개인의 동의 없이 그들의 이미지, 목소리, 행동을 복제하고 조작할 수 있어 심각한 개인정보와 프라이버시 침해를 야기한다. 특히 유명 연예인의 경우, 명예훼손이나 퍼블리시티권 침해로 이어질 수 있다. 2024년 테일러 스위프트의 딥페이크 포르노 이미지가 소셜 미디어에 유포되어 세계적으로 큰 논란을 일으켰다. 셋째, 딥페이크 기술은 기존 작품의 무단 변형과 재창작을 용이하게 만들어 저작권 침해의 새로운 형태를 야기한다. 아이유의 AI 커버 곡 〈밤양갱〉 영상이 유튜브에 공개되며 큰 논란을 일으켰다. AI 커버 곡은 저작권법상 원작자의 동일성 유지권, 복제권, 2차적 저작물 작성권 등을 침해할 수 있다. 넷째, 딥페이크 기술은 디지털 아바타를 가능하게 해 영화, 방송, 음악 등 다양한 창작 분야에서 인력 대체 가능성을 높인다. 2023년 할리우드 파업에서 미국영화배우조합(Screen Actors Guild - American Federation of Television and Radio Artists, SAG-AFTRA)은 배우의 권리를 보호하기 위해 AI로 제작된 디지털 캐릭터 사용 시 사전 고지와 명시적 동의 조항을 확보했다. 이러한 협상 결과는 AI 시대에 창작자들의 권리를 보호하면서도 기술 혁신을 수용하는 균형점을 찾으려는 노력이 필요하다는 것을 보여 준다.

AI 창작 투명성

2023년 소니세계사진촬영상(Sony World Photography Awards) 크레에이터 부문에서는 달리(DALL-E) 2로 생성한 〈가짜 기억: 전기 기술자(Pseudomnesia: The

Electrician)〉가 1위를 차지했다. 수상자가 자발적으로 사실을 밝혔기에 알려진 것이지만, 이런 사례들이 얼마나 되는지 우리는 알 수 없다. 문화 분야에서 인공지능 창작 도구의 활용이 늘어나면서, 인공지능 창작 투명성은 중요한 윤리적 문제로 부각되고 있다. 이는 특히 공모전에서 불공정 경쟁을 초래할 수 있다. 네이버웹툰은 최근 〈2023 지상최대 공모전〉에서 AI 활용 웹툰에 대한 논란이 커지자, 생성형 AI 기술 사용을 제한하는 조치를 한 바 있다.

인간이 인공지능을 활용해 창작한 경우, 창작 과정은 인간이 초기 아이디어를 프롬프트로 지시하면 인공지능이 생성한 결과물을 제시하고, 인간이 다시 결과물을 선택, 수정, 변형하는 과정을 반복해 최종 작품을 완성하게 된다. 이 경우 AI의 기여도가 어느 정도일 때 작품이 인간의 창작물이라고 볼 수 있는지 모호한 지점이 생긴다. 아직 이에 대해 사회적으로 합의된 기준은 마련되어 있지 않다. 하지만 인공지능을 예술 창작 과정에 사용했다는 것을 투명하게 밝히는 것은 인공지능 시대 예술가의 윤리에서 중요하다고 할 수 있다.

인공지능 윤리의 정책 방향

인공지능이 제기하는 윤리적 문제는 문화 분야에만 국한되어 있지 않으며, 정치, 경제, 사회, 문화 전반에서 인권, 민주주의, 지속 가능성, 평화와 안전을 위협하고 있다. 이에 OECD, 유네스코, EU 등 국제기구는 AI 윤리에 관한 권고와 가이드라인을 마련했다. 유네스코는 2021년 11월 193개 회원국의 만장일치로 「AI 윤리 권고(Recommendation on the ethics of artificial intelligence)」를 채택했다. 이 권고안은 인권과 인간 존엄성 존중, 환경 및 생태계 번영, 다양성과 포용성 보장, 평화롭고 정의로운 사회 구축이라는 4대 핵심 가치를 바탕으로, AI 시스템의 필요성과 비례 원칙, 안전성, 공정성, 지속 가능성, 개인정보 보호, 인간의 책임, 투명성, 감독 메커니즘, 공공 인식 증진, 정책 평가 등 10대 원칙을 제시했다. 유네스코는 문화 분야에 대해 AI 기술이 문화유산 보호와 문화 표현의 다양성을 증진하고, 문화 콘텐츠의 접근성과 포용성을 높이는 방향으로 기여해야 한다고 권고했다.

각국은 AI 리스크에 대응하기 위해 이를 법제화하려는 움직임도 나타나고 있다. EU의 「AI 법(Artificial Intelligence Act)」은 AI 리스크를 4개 층위로 구분하고 위험도별 차등화된 규제를 적용하도록 했다. 미국은 2023년 10월 「안정적이고 안전하며 신뢰할 수 있는 AI에 대한 행정명령(Executive Order on the Safe, Secure, and Trustworthy Development and Use of Artificial Intelligence)」을 발표했다. 테네시주는 2024년 3월 '엘비스법(ELVIS Act)'으로도 알려진 「유사목소리및이미지보안보장법(Ensuring Likeness Voice and Image Security Act)」을 통과시켜 유명인의 음성과 이미지를 무단으로 사용하는 것을 금지했다. 뉴욕주는 2023년 11월 사망한 유명인의 퍼블리시티권을 40년간 보호하고 디지털 복제본 사용을 제한하는 법안을 통과시켰다. 「캘리포니아 AI투명성법(California AI Transparency Act)」은 인공지능 창작 투명성 보장을 위해 AI 활용 고지 의무화를 제도화했다. 이러한 해외 동향을 고려해 우리 정부도 AI 윤리 가이드라인의 문화 분야 적용을 위한 지침과 관련 법률 제정을 추진해야 할 것이다.

참고문헌

선명수(2023.4.18). "국제사진대회 수상작, 알고 보니 AI 제작…출품작가 "논쟁 촉발 의도" 수상 거부". ≪경향신문≫. https://www.khan.co.kr/article/202304181625001

이서희(2023.6.12). ""CEO는 백인남성, 범죄자는 흑인"... 그림 생성

AI의 '위험한 편견'". ≪한국일보≫.
https://www.hankookilbo.com/News/Read/A2023060808160005580?did=NT

임대준(2023.11.13). "'AI' 톰 크루즈가 IOC 비난하는 '가짜' 넷플릭스 다큐 등장". ≪AI타임스≫.
https://www.aitimes.com/news/articleView.html?idxno=155150

임지선(2024.2.13). ""나 몰래 나를 연기하지 마"…'생성 AI' 단협 체결한 할리우드 배우노조". ≪한겨레신문≫.
https://www.hani.co.kr/arti/economy/economy_general/1128106.html

정재진(2024.7.21). "AI가 아이돌 가사 쓰고 '밤양갱' 커버?… 영역침범에 가요계 뿔났다". ≪한국일보≫.
https://www.hankookilbo.com/News/Read/A2024071911150004732

한국정보통신정책연구원(2020.11.13). 『추천시스템의 편향 보정 및 공정성 보장 방안 연구』.

한국방송통신전파진흥원(2019.12). "딥페이크 기술의 빛과 그림자". ≪트렌드 리포트 3≫. 한국방송통신전파진흥원.

Andreev, D.(2023.12.10). Bias and fairness in AI and digital art: An ethical perspective. Medium.
https://andreev-danila.medium.com/bias-and-fairness-in-ai-and-digital-art-an-ethical-perspective-7b44a270b253

California State Legislature.(2024). California AI Transparency Act, S.B. 942. Sacramento, CA: California State Legislature.

IBM. Algorithmic bias.
https://www.ibm.com/kr-ko/think/topics/algorithmic-bias

UNESCO(2021). Recommendation on the ethics of artificial intelligence. United Nations Educational, Scientific and

Cultural Organization.
European Commission(2021). Proposal for a regulation of the European Parliament and of the Council laying down harmonised rules on artificial intelligence (Artificial Intelligence Act) and amending certain Union legislative acts. EUR-Lex.
Tennessee General Assembly(2024). Ensuring Likeness, Voice, and Image Security Act. Tennessee Code Annotated, Title 39, Chapter 14, Part 1, and Title 47. https://www.capitol.tn.gov/Bills/113/Bill/HB2091.pdf
The White House(2023.10.30). Executive order on the safe, secure, and trustworthy development and use of artificial intelligence. The White House.

09
AI와 예술인 양성

인공지능 시대에 접어들면서 문화 예술 종사자들의 역할과 필요 역량도 변화하고 있다. 기존 예술가들은 AI 기술을 활용해 창작의 효율성을 높일 기회를 얻지만, 동시에 새로운 기술을 이해하고 활용해야 하는 도전 과제를 안고 있다. 이 장에서는 기존 예술가의 재교육과 미래 예술가 양성을 위한 예술 대학의 교육 변화에 대해 다룬다.

AI와 화장품?

예술인 양성 정책

예술인은 예술 활동을 업(業)으로 하여 문화예술 분야에서 창작, 실연, 기술 지원 등의 활동을 하는 사람을 말한다(예술인복지법). 인공지능의 등장으로 예술 현장이 변화하고 있으며 현장에서 필요로 하는 예술인의 역량, 기술, 태도가 달라지고 있다. 이러한 변화의 속도는 예술 장르에 따라 다르지만, 생성형 인공지능의 상용화 이후 보다 가속화되고 있다. 지금까지 AI 융합 예술 교육은 일부 기술변화에 민감한 대학의 재량에 달린 것이었지만, 이제는 예술대학 전체가 관심을 가져야 할 사안이 된 것이다.

예술인 양성 정책은 크게 신규 인력 양성과 재직자 훈련으로 나누어진다. 신규 인력 양성은 예술대학이 담당하고 있으며 교육부에서 관장하고 있다. 기존 인력의 훈련은 현장에서 필요로 하는 전문성 제고를 위해 제공하는 연수 과정인 에듀코카(EDUCOCCA), 영화아카데미, 게임인재원, 아르떼아카데미 등으로 문화부가 관장하고 있다. 지금 시대는 인공지능과 협업하는 예술인이 늘어나고 인공지능으로 인해 새로운 직종이 등장하는 과도기다. 인공지능 시대에 필요한 예술인의 역량, 기술, 태도를 제공하는 일은 교육부와 문화부 공동의 노력이 필요한 영역이다.

AI 융합 예술 교육은 2020년부터 시작

인공지능 시대에 대응하는 교육 혁신을 시작한 것은 문재인 정부다. 교육부는 2020년 부처 합동으로 「인공지능 시대 교육 정책 방향과 핵심 과제」를 발표했다. 교육정책의 3대 방향을 감성적 창조, 초개인화 학습 환경, 따듯한 지능화 정책으로 설정하고, 미래 교양으로서 인공지능 교육과 인공지능 전문 인재 양성을 추진했다. 교양 교육을 위해 AI 교과서 도입, 인공지능 융합 교육 중심 고등학교 지정, AI 융합 교육 가능 교사 1만 명 양성, 대학 교양 교육과 성인 평생 교육 강화를 추진했다. 전문 인재 양성을 위해 융합 대학 및 융합 학과 설치를 장려했다. 이후 「교육 분야 인공지능 윤리 원칙」(2022)이 제정되었으며, 「디지털 기반 교육 혁신 방안」(2023), 「인공지능 디지털 교과서 추진 방안」(2023), 「인공지능 디지털(AID) 30+ 프로젝트」(2024) 등이 이어졌다.

교육부에 비해 AI 융합 예술 교육에 대한 문화부의 대응은 초기 단계다. 교양 교육은 교육부의 계획과 맞물려 초중고등학교의 예술 과목 교사를 중심으로 융합 예술 교육이 시도되고 있다. 문화부에서는 한국문화예술교육진흥원을 중심으로 〈미래 문화예술교육 포럼〉을 통해 정책 방향을 논의하고 있는 중이며, 교사와 예술 강사를 대상으로 〈AI는 어떻게 문화 예술 교육의 도구가 되는가〉 등 아카데미를 제공하고 있다.

고등 교육에서는 AI 융합 대학에 AI 융합 예술 학과를 별도 설치하거나 기존 예술 대학과 함께 AI 융합 예술 연계 전공을 운영하거나 예술 대학에 AI 융합 예술 과목을 개설하는 방향으로 나타나고 있다. 독립 전공 설치 사례로 서강대학교 〈지식융합대학 아트 & 테크놀로지 전공〉, 동국대학교 〈AI 융합학부 엔터테인먼트 테크놀로지 전공〉, 국민대학교 〈AI 디자인학과〉, 서울사이버대학교 〈AI 크리에이터학과〉, 경성대학교 〈AI 미디어학과〉, 서일대학교 〈AI 게임융합학과〉, 홍익대학교 〈AI 실감미디어 콘텐츠학과〉(대학원) 등 사례가 있다.

재직자 훈련은 한국콘텐츠진흥원에서 〈인공지능 연계 콘텐츠 창의 인재 양성 사업〉(2021~2022)을 실시한 바 있으며, 에듀코카에서 〈AI 알아보기〉, 〈AI 기술 소개와 활용 노하우: 만화, 애니메이션, 캐릭터 제작〉, 〈생성형 AI로 콘텐츠 제작하기 : 방송 및 콘텐츠〉, 〈AI 기술과 게임〉, 〈사운드에 AI 적용하기〉 등 AI 이해와 활용 주제로 약 20여 개의 온라인 강좌를 제공하고 있다. AI 융합 예술 교육은 고등 교육에서 대학 특성화 방안의 일환으로 나타나고 있으며, 재직자 훈련에서는 아직 비중이 낮은 편이며 체계적으로 제공되지는 않고 있다.

교과 과정은 인공지능의 원리, 활용, 윤리

스탠퍼드 대학의 『인공지능 지수 보고서 2024(AI Index Report 2024)』에 따르면, 인공지능과 관련된 학위 과정은 2017년에서 2023년 사이에 약 3배로 늘어났다. 이러한 변화의 흐름 속에서 미국과 유럽의 대학들도 AI 융합 예술 과정이 늘어나고 있다. 플로리다 주립대학의 〈인공지능과 예술 자격증(AI and the Arts Certificate)〉은 필수 과목 2개와 선택 과목 2개, 총 4과목 12학점을 받으면 취득할 수 있다. 필수과목은 〈인공지능, 예술, 사회(AI, Art, and Society)〉, 〈알고리즘적 창의성(Algorithmic Creativity)〉이며, 선택 과목은 연극, 무용, 음악, 미술, 디지털 예술 전공에 적용된 인공지능 관련 이론이나 실습 과목으로 구성된다. 석사 과정은 〈MIT 예술문화테크놀로지 프로그램(Massachusetts Institute of Technology, Art, Culture, and Technology program)〉, 런던왕립예술학교의 〈디지털 디렉션(Royal College of Art, Digital Direction)〉, 뉴욕대학교의 〈인터랙티브 텔레커뮤니케이션 프로그램(New York University, Interactive Telecommunications Program)〉 등이 선도적 과정으로 평가되고 있다.

이러한 교육에서 공통으로 나타나는 특징은 인공지능 시대 예술인 양성이 융합적 창의성, 기술적 적응성, 윤리적 책임성을 갖춘 인재를 지향하고 있다는 점이다. 이러한 교육을 위해서는 예술, 컴퓨터 과학, 철학 등 다양한 학제 간 접근 방식이 필수다. 교육 과정은 크게 네 부분으로 구성된다. 첫째, AI와 기계학습의 원리 이해다. 기본 알고리즘과 데이터 구조, 신경망과 딥러닝, 모델 및 데이터 세트 학습 등을 포함한다. 둘째, 기존 예술의 이론과 역사, 기법을 배운다. 인공지능은 새로운 예술 장르나 예술 직무를 만들기도 하지만 기존 창작 과정을 보완하는 협업 도구로 사용되므로 기존 예술 이론과 역사에 대한 이해도 함께 이루어진다. 셋째, AI 예술 생성 도구의 활용과 협업 방법을 배운다. 달리(DALL-E), 소라(SORA) 등 기존 AI 생성 도구를 숙련되게 활용하는 방법을 배울 뿐 아니라 도구 자체를 개선하기 위해 파이선(Python), 자바스크립트(Javascript) 등 프로그래밍 언어도 배운다. 또한 빠르게 변화하는 AI 기술을 따라가며 적응할 수 있도록 포괄적인 기술적 이해력도 제공한다. 넷째, AI 예술의 윤리를 배운다. 여기에는 저작권 보호, 개인정보 보호, AI 협업에서 예술가의 역할, 알고리즘 편향, 환경 보호 등을 포함한다. 이는 예술가로서 AI에 대한 비판적 관점을 견지하도록 한다. 이러한 교육은 AI를 통한 개인화된 학습과 교수 방법의 혁신을 통해 이루어지고 있다.

미래 예술인 양성 과제

미래 예술인을 양성하기 위해 해결해야 할 주요 과제는 크게 네 가지로 요약된다. 첫째, 커리큘럼 혁신이다. 앞서 살펴보았듯이 인공지능 원리 이해, 인공지능 창작 도구의 활용, 인공지능 예술 윤리를 공통으로 포함할 필요가 있다. 둘째, 최첨단 기술에 접근할 수 있는 인프라 구축이다. 예술대학의 실습 인프라는 전통 예술의 창작 방식에 맞추어져 있는데, 학생들이 최첨단 AI 도구, 협업 플랫폼, 산업 표준 기술 자원 등에 원활하게 접근할 수 있도록 AI를 장착한 스튜디오를 조성하는 것이 필요하다. 셋째, 교수진의 강화가 필요하다. 인공지능 교육과정은 학제 간 협업이 필요하므로 하나의 과목을 여러 전공 교수가 공동으로 교육할 필요가 있다. 또한 AI 기술 변화의 영향을 많이 받는 산업 현장 전문가와 파트너십을 통해 교육의 현장성을 높일 필요가 있다. 마지막으로 미래 예술인 양성을 위해 교육부와 문화부의 거버넌스 구축이 필요하다. 문화부는 현장 인력에 대한 훈련을 더욱 체계적으로 제공할 필요가 있다. 예술, 콘텐츠 산업, 국가 유산 분야의 예비 종사자 및 재직자를 대상으로 AI 융합 인재 양성 프로그램을 제공하며, 한국문화예술교육진흥원을 통해 학교 및 지역사회의 예술 융합 교양교육 선도 모델을 제시하고 교사 및 강사 연수 프로그램을 운영할 필요가 있다. 교육부는 예술대학이 AI 융합 교육을 도입할 수 있도록 커리큘럼, 인프라, 교수 역량 혁신을 지원하고, 초중고등학교에서 이루어지는 AI 융합 예술 교육의 질적 수준을 높이도록 지원할 필요가 있다.

참고문헌

교육부(2022). "인공지능, 교육현장에서 안전하게 활용해요! – 「교육분야 인공지능 윤리원칙」 최초 마련".

정부부처합동(2020). 『인공지능시대 교육정책방향과 핵심과제』.

한국콘텐츠진흥원, 에듀코카(EDUKOCCA), https://edu.kocca.kr/edu/main/main.do (2024.12.23. 검색).

Stanford University(2024). Artificial Intelligence Index Report 2024. https://aiindex.stanford.edu/report/

University of Florida. AI and the Arts certificate. https://catalog.ufl.edu/UGRD/colleges-schools/UGART/ART_UCT10/

10
글로벌 문화 정책, 동향과 제언

AI가 문화 예술 분야에 미치는 영향이 확산함에 따라, 각국은 이에 대응하기 위한 문화 정책을 수립하기 시작했다. 이 장에서는 미국, 유럽, 아시아의 주요 국가들과 유네스코 같은 국제 기구에서 논의되고 있는 AI 관련 문화 정책 동향을 살펴보고, 그들의 접근 방식을 비교 분석한다. 이를 통해 우리나라가 참고할 수 있는 시사점을 도출하고 인공지능 시대의 문화 정책 방향을 종합적으로 제안한다.

종교와 AI?

유럽연합

EU는 『문화 및 창의 부문에서 인공지능 활용(The use of artificial intelligence in the cultural and creative sectors)』(2020) 보고서에서 AI 활용에 대한 주요 결과를 발표했다. AI는 인간이 수행하던 서비스의 자동화와 개별 창작자의 역량 강화를 통해 문화 가치 사슬에 영향을 미치고 있다. 첫째, AI 생성 콘텐츠는 다양한 저작권 쟁점을 제기하고 있어, 혁신과 보호의 균형을 고려한 저작권 설계가 필요하다고 지적했다. 둘째, 유럽 문화 기관은 풍부한 데이터 세트를 보유하고 있으며 AI가 이를 활용해 문화 접근성을 향상할 수 있는 잠재력이 크므로, 이를 촉진하기 위한 모범 사례 공유가 필요하다고 보았다. 셋째, AI 기반 플랫폼에서의 콘텐츠 유통은 문화적, 언어적 다양성 문제를 야기할 수 있으므로, 차별 방지를 위한 정책이 필요하다고 보았다. 넷째, 중앙 집중화된 AI 거버넌스는 유럽 문화 창조 산업의 지속 가능한 발전을 위협하고 있으므로, 탈중앙화된 인간 중심의 AI 거버넌스가 필요하다고 보았다. 마지막으로 EU는 AI 예술 발전을 위한 환경 조성과 지원을 확대하되, AI에 대한 성찰적 담론도 함께 발전시켜야 한다고 보았다.

EU는 저작권 보호를 위해 2024년 「인공지능법」을 제정해 AI 생성 콘텐츠 표시 의무화, 저작권 보호 옵트 아웃 제도, AI 학습 콘텐츠 목록 제공 등을 도입했다. 플랫폼 중앙 집중화 방지를 위해 2024년 「디지털 시장법」을 제정해 게이트키퍼(Gatekeeper)로 지정된 대형 플랫폼 기업의 시장 지배력 남용을 방지하는 규제—콘텐츠 유통 다양화, 수수료 정책 투명화, 중소 문화 콘텐츠 제작사의 데이터 접근성 확대, 플랫폼 간 이동 편의성 증대 등—을 도입해 공정 경쟁 환경을 조성했다. 문화 다양성 보호를 위해 2018년 「시청각 미디어 서비스 지침」을 개정하고 'OTT 플랫폼 쿼터제'를 도입해 온라인 기반 주문형 동영상(VOD) 사업자가 유럽 역내 제작물 편성 비율을 30% 이상 유지하도록 했다.

EU의 노력에도 불구하고 유럽 문화계의 우려는 여전하다. 문화 행동 유럽(Culture Action Europe, CAE)은 2024년 11월 발표한 「유럽연합의 인공지능법 시행에 관한 고려 사항(Considerations regarding the implementation of the European Union's Artificial Intelligence Act)」에서 AI 학습에 사용되는 저작물에 대한 명시적 승인(옵트 인) 및 공정한 보상 부재를 비판하며, AI 학습에 사용되는 콘텐츠에 대한 충분한 세부 요약 제공, 텍스트 및 데이터 마이닝의 권리 유보를 식별하고 준수하는 정책, AI 생성 콘텐츠 표시 의무화, 문화계의 AI 거버넌스 참여 등을 요구했다.

유네스코

유네스코는 2021년 11월 파리에서 열린 유네스코 총회에서 「인공지능 윤리에 관한 권고」를 채택했다. 유네스코는 인류, 개인, 사회 및 환경의 이익을 위해 작동하는 AI 시스템의 기반을 마련하기 위해 4대 핵심 가치로 인권과 인간 존엄성, 평화로운 삶, 다양성과 포용성 보장, 환경과 생태계의 번영을 제시하고, AI의 윤리적 개발 및 사용을 위한 10가지 원칙을 제시했다(UNESCO, 2023.11.23). 유네스코는 각국 정부가 이러한 원칙을 11개의 정책 영역에 적용하도록 했는데, 특히 「인공지능과 교육에 대한 베이징 합의(Beijing Consensus on Artificial Intelligence and Education, 2019)」를 기반으로 「AI와 교육: 정책 입안자를 위한 지침(AI and education: guidance for policy- makers, 2021)」을 발표한 바 있다. 하지만 아직 문화 분야에 적용할 수 있는 공식적인 권고나 지침은 발간되지 않고 있다.

독일 유네스코 위원회는 「문화창조산업에서의 AI(AI in the Cultural and Creative Industries)」(2024) 보고서

에서 AI의 윤리적 사용을 위한 정책 권고를 제시했다. 첫째, AI 개발 및 활용의 핵심은 저작권 보호와 고품질 데이터 제공이다. 데이터 저작권 가이드라인 마련, 편향 방지, 데이터 공유 등을 통해 AI 시스템의 공정성, 투명성, 신뢰성을 확보해야 한다. 둘째, AI 기술 이해와 활용 능력 향상을 위해 교육 프로그램 확대가 중요하다. 문화 창조 산업 종사자 대상 AI 기술 및 윤리 교육을 통해 창작 활동 지원과 책임감 있는 AI 개발 및 활용을 유도해야 한다. 셋째, 문화 창조 산업 부문 내외 네트워킹 촉진을 통해 AI 기술 혁신과 확산을 가속해야 한다. 문화 창조 산업 내 다양한 분야 간 협력을 통한 시너지 효과 창출과 타 산업 분야와의 협력을 통한 새로운 가능성 모색이 필요하다. 넷째, AI 기술이 글로벌 환경에서 문화 다양성을 보존하고 증진하는 데 활용될 수 있도록 해야 한다. 다양한 문화적 배경을 반영한 데이터 세트 구축, 편향 방지 등을 통해 AI 기술이 포용적인 사회를 만드는 데 기여하도록 해야 한다.

미국

미국은 AI 정책에서 산업 진흥, 위험 관리, 자율 규제, 국제 협력 간 균형을 모색하며 글로벌 리더십 유지를 추구하고 있다. 산업 진흥을 위해 국가 인공지능 계획법, 인공지능 훈련법, 미국 인공지능 진흥법 등 관련 법률 제정 및 행정명령을 통해 AI 기술 개발과 활용을 지원하고 있다. 바이든 행정부의 행정명령은 EU와 유사하게 위험 기반 규제 접근법을 채택해 AI 시스템의 안전성, 보안, 책임성, 투명성 확보를 위한 조치를 제시하고 있다. 하지만 미국은 EU와 달리 정부 주도의 강력한 규제보다는 민간 부문의 자율 규제를 강조하며, 기업의 자발적인 참여를 통해 책임감 있는 AI 개발을 하려는 경향이 강하다. 바이든 행정부의 행정명령은 AI 표준 및 모범 사례 개발, AI 연구 의제 설정 등 국제 협력을 통해 글로벌 AI 거버넌스 구축을 강조한다.

이러한 정책 기조는 문화 창조 산업 분야에서도 유지되고 있다. 미국의 문화 창조 산업 분야 인공지능 정책은 유럽과 비교할 때 AI 기술 활용에 대한 규제보다는 산업 진흥에 더 중점을 두고 있으며, 저작권 보호와 혁신 사이의 균형점을 모색하고 있다. 미국은 저작권법상 공정 이용(fair use) 원칙에 따라 AI 학습을 위한 저작물 이용을 비교적 자유롭게 허용하고 있다. 유럽과 같은 옵트 아웃 제도, AI 산출물 표시 의무화, AI 학습 데이터 정보 공개 의무화 등은 제도화되어 있지 않다. 하지만 현재 미국에서 진행 중인 다수의 인공지능 기업 대상 저작권 소송은 미국 저작권청의 제도 변화에 상당한 영향을 미칠 것으로 예상된다. 소송 결과에 따라 AI 학습 데이터 사용에 대한 규제 강화, AI 생성물에 대한 저작권 인정 여부, 저작권자의 권리 보호 방안 등이 구체화할 가능성이 높다.

정책 제언

우리나라는 「인공지능 국가전략」(2019) 수립 이후, 5년 만에 「인공지능 발전과 신뢰 기반 조성 등에 관한 기본법(이하 AI기본법)」(2024)을 제정했다. 이 법은 우리나라 최초의 포괄적인 인공지능 법률로, AI 산업 진흥에 중점을 두고 있다. 일부 '고영향 인공지능'과 '생성형 인공지능' 사업자에게 투명성과 안전성 확보 의무를 부여하고 있으나, 유럽보다 제재 수위가 낮아 실효성이 부족하다는 평가다. 특히 AI 학습 데이터 공개, 저작권자의 학습데이터 열람 등 예술 및 문화 콘텐츠 산업 분야의 의견이 반영되지 않아 우려가 큰 상황이다. 유럽의 사례처럼 AI 거버넌스에 관련 분야의 참여를 보장하고, 산업 진흥과 저작권 보호, 자율 규제와 정부 개입 간 균형점을 찾는 것이 중요하다.

구체적으로는 첫째, AI 저작권 정책을 정비해야 한다.

AI 학습 데이터에 대한 공정 이용 가이드라인을 구체화하고, 옵트 아웃 제도 도입, 학습 데이터로 이용된 저작물의 투명한 공개와 공정한 보상, AI 산출물 표시 의무화 등을 도입해야 한다. 둘째, 예술 및 문화 콘텐츠 산업에 특화된 AI 윤리 지침을 마련해야 한다. 유네스코 AI 윤리 권고를 참고하고, 사회적 논의를 통해 문화계에 맞는 지침을 정립해야 한다. 셋째, 문화 다양성을 보장해야 한다. AI 알고리즘 편향 방지를 위해 다양한 문화적 배경을 반영한 데이터 세트 구축과 알고리즘 개발을 지원하고, AI를 활용한 소수 문화 보존 및 전승 프로그램을 지원해야 한다. 넷째, AI 융합을 확산해야 한다. 예술과 기술 융합을 위한 인프라를 구축하고, 고품질 문화 자원의 데이터화를 지원하며, AI를 활용한 융복합 예술 창작과 문화 시설 효율화를 지원해야 한다. 다섯째, 예술 및 문화 콘텐츠 산업 특화 AI 에이전트 개발을 지원해야 한다. 창작 활동, 콘텐츠 유통, 다국어 번역, 저작권 관리 등 특화된 에이전트 AI를 개발할 수 있도록 R&D, 투자, 수출 등을 종합적으로 지원해야 한다. 여섯째, AI 자동화로 인한 일자리 재편에 대비해야 한다. 예술 및 문화 콘텐츠 산업 종사자 대상 AI 교육 프로그램을 확대하고, 예술대학의 AI 융합 교육을 지원하며, 일자리 전환 교육과 사회적 안전망을 강화할 필요가 있다. 마지막으로 국제 협력을 강화하고, AI 기술의 사회적, 문화적 영향을 지속적으로 평가하며 정책을 개선해야 한다. 이를 통해 우리는 문화 창조 산업 분야에서 AI 기술의 잠재력을 극대화하고, 새로운 문화적 가치 창출과 산업 경쟁력 강화를 달성할 수 있을 것이다.

참고문헌

관계부처 합동(2019.12). 『인공지능 국가전략』.

법제처 미래법제혁신기획단(2024.7). 『인공지능 관련 국내외 법제 동향』.

Culture Action Europe & Michael Culture Association AI & Digital Action Group(2024.11). Considerations regarding the implementation of the European Union's Artificial Intelligence Act. https://cultureactioneurope.org/wp-content/uploads/2024/11/Considerations-regarding-the-implementation-of-the-European-Unions-Artificial-Intelligence-Act.pdf

Directorate-General for Internal Policies of the Union (European Parliament)(2020.5). The use of artificial intelligence in the cultural and creative sectors. https://op.europa.eu/s/z1xe

German Commission for UNESCO(2024). Approaches to an ethical development and use of AI in the Cultural and Creative Industries. https://www.unesco.de/assets/dokumente/Deutsche_UNESCO-Kommission/02_Publikationen/DUK_Broschuere_KI_

und_Kultur_EN_web_02.pdf
UNESCO(2021). AI and education: guidance for policy-makers. https://unesdoc.unesco.org/ark:/48223/pf0000376709.locale=en
UNESCO(2023.11.23). UNESCO's Recommendation on the Ethics of Artificial Intelligence: key facts. https://unesdoc.unesco.org/ark:/48223/pf0000385082.locale=en

양현미

상명대학교 예술대학 문화예술경영전공 교수다. 서울대학교에서 미학을 전공하고, 홍익대학교에서 미학 석·박사 학위를 받았다. 문화체육관광부 산하 한국문화관광연구원에서 연구위원으로 문화 정책을 연구했으며(1994~2009), 이후 서울특별시 문화기획관(2014~2016), 한국문화예술교육진흥원 원장(2017~2019), 대통령비서실 문화비서관(2019~2021) 등을 역임하며 문화 정책 실무에도 참여했다. 주요 저서로 『한국문화정책의 이해: 이론, 역사, 실천』(공저, 2024), 『현대문명의 위기』(공저, 2014), 『미학과 그 외연』(공저, 2010) 등이 있다. 또한 "예술인 복지 관점의 창작공간 지원 정책 연구"(2023), "통합적인 박물관 정책을 위한 거버넌스 개선방안 연구"(2023) 등 다수의 논문을 학술지에 발표했으며, 『국립중앙박물관 교육 중장기 발전방안 연구』(2023), 『신흥 선도국의 문화교류 전략』(2022) 등 다양한 문화 정책 보고서를 발간했다. 문화체육관광부와 서울시의 문화 정책 비전 및 중·장기 계획 수립에 참여해 『사람이 있는 문화』(2020), 『창의한국』(2005), 『비전 2030, 문화시민도시 서울』(2016) 등을 수립했다. 한국문화관광연구원, 한국관광공사 등 여러 공공기관에서 비상임이사로 활동했으며, 한국문화예술경영학회 회장을 비롯해 한국예술경영학회, 한국박물관학회 등의 이사를 역임했다.